EIN VERBORGENER PFAD

Geschichten für eine lebendige Zukunft

LLEWELLYN VAUGHAN-LEE

EIN VERBORGENER PFAD

GESCHICHTEN FÜR EINE LEBENDIGE ZUKUNFT

ONENESS CENTER PUBLISHING

Übersetzung: Sabine Reinhardt-Jost

Es gibt im Buch ein paar wenige Stellen, wo ausnahmsweise nur die männliche bzw. die weibliche Form gewählt wurde, da es aus sprachlichen Gründen sonst zu unübersichtlich geworden wäre. Selbstverständlich sind im gesamten Buch alle Menschen mitgemeint – und das Göttliche, die große Quelle, ist jenseits aller Formen.

Impressum:

Titelfoto © Diane Barker, www.dianebarker.net
Alle Fotos (*ausgenommen Foto S. 180*) © Diane Barker
Foto S. 180 © Dario Brönniman, Unsplash
Lektorat: Bernd Jost
Buchgestaltung: Greta Horn
www.oneness-center.ch

Englische Originaltexte und Podcasts: www.workingwithoneness.org

ISBN 978-3-9525459-1-1

INHALT

VORWORT

Ich freue mich, mit meinen deutschsprachigen Freunden eine Auswahl meiner über die letzten zwei Jahre gebrachten Podcasts in Buchform zu teilen, die von den Horizonten sprechen, die ich in diesen, meinen letzten Jahren, beobachte. Beim Erzählen dieser Geschichten habe ich mich gefragt, ob sie vielleicht die letzten Texte eines lebenslangen Versuchs sind, die inneren Geheimnisse der Seele zu beschreiben und die Notwendigkeit, einen spirituellen Faden in der äußeren Welt zu finden. Als ich vor fast vierzig Jahren mit diesem Schreiben begann, lag mein Schwerpunkt darauf, den uralten Sufi-Pfad der Liebe in der heutigen Sprache wiederzuerzählen, um die Wanderer auf diesem Pfad der Liebe und der Sehnsucht auf ihrer

Reise zu unterstützen. Doch dann, zu Beginn des neuen Jahrtausends, bekam meine Aufmerksamkeit eine andere Richtung und ein neuer Faden wurde in diese Geschichten eingewoben: die Wichtigkeit, die Geheimnisse der Einheit als Grundlage für eine neue Daseinsweise miteinander und mit der Erde zu verstehen. Und jetzt, nach mehr als zwei Jahrzehnten und einer immer finsterer werdenden Zukunft, versuche ich, während es überall brennt und unsere Welt derart gespalten erscheint, einen Weg zu finden, der unsere Seele und das Land mit seinen Rhythmen und seiner heiligen Bedeutung wieder miteinander verbindet.

Ich habe das Glück inmitten von Natur zu leben, inmitten ihrer Schönheit und Wildheit, auch wenn ich beobachte, wie unsere Welt immer stärker aus dem Gleichgewicht gerät. Und diese oft so gegensätzlichen Geschichten sind es, die mich ergreifen, während ich versuche, einen Faden zu dem zu finden, was ich eine »lebendige Zukunft« nenne, eine Reise *gemeinschaftlich mit der Erde und ihren mehr-als-menschlichen Bewohnern*. Das ist die Zukunft, die ich ausloten möchte, eine Zukunft von sieben Generationen und darüber hinaus und die Möglichkeit für eine neue Zivilisation, die sich organisch aus dem Ödland, das wir geschaffen haben, heraus entwickelt.

Über die letzten Jahrzehnte habe ich gespürt und gesehen, wie sich tief in der inneren Welt Veränderungen vollziehen, die mit dieser Zukunft zu tun haben, und wie die Erde Selbst sich wandelt. Und ich bin der Überzeugung, dass es notwendig ist anzufangen mit diesen Veränderungen zu arbeiten, damit die Fundamente für eine radikal andere Zukunft gelegt werden – eine, die nicht den Mustern der Vergangenheit und ihren Patriarchien der Macht entstammt, sondern von einer tieferen Verbindung erzählt, die wir mit der Erde haben: wie wir alle Teil des einen Lebewesens sind.

In diesen kurzen Beiträgen teile ich Geschichten von dieser lebendigen Zukunft, Erzählungen, die mit der Naturwelt verwoben sind. Meine täglichen Spaziergänge führen mich zu wilden, ursprünglichen Orten, und ich kann diese lebendige Gegenwart in dem Land spüren. Hier ist eine numinose Landschaft, die auch die tiefe Trauer von dem trägt, was wir vergessen, im Stich gelassen und geschändet haben. Diese Beiträge möchten unser Bewusstsein wieder zur lebendigen Erde hin lenken, auf dass wir sie mit all unseren Sinnen und in unseren Träumen erfahren. Sie sind Geschichten, die unsere Seele mit der Seele der Erde verbinden, mit diesem magischen Wesen, das wir unser Zuhause nennen.

Diese Geschichten reflektieren die Veränderungen in unserer Welt – nicht nur die ökologischen, politischen und sozialen Veränderungen, sondern die tieferen, grundlegenderen Veränderungen, die unsere kommenden Jahrzehnte, sogar auch Jahrhunderte formen werden; Veränderungen, die zu diesem Moment in der Zeit gehören, auch wenn sie verborgen sind, fast unsichtbar, Zeichen, die kaum erkannt werden.

Dies sind Geschichten aus dem Herzen, Worte, die den Tiefen meiner Seele angehören wie auch den leeren Räumen, die ich erwandert, den Visionen, die ich gesehen, der Schönheit und dem Schmerz, die ich erfahren habe. Und immer kehre ich zu dem zurück, was einfach ist, was mit der Schönheit und dem Wunder unserer gemeinsamen Existenz singt – zu dem Graureiher in der Lagune, dessen Federn sich im Wind sträuben, zu dem Rotschwanzfalken, der sich auf einem Ast vor meinem Fenster niedergelassen hat, zu meiner Liebe für die Erde.

Llewellyn Vaughan-Lee,
Inverness, Kalifornien, Mai 2023

EINFÜHRUNG

Geschichten nehmen uns an die Hand und führen uns durch unser Leben. Sie bestimmen unser individuelles und kollektives Schicksal stärker als wir denken. Zum gegenwärtigen Zeitpunkt steht die Geschichte der Menschheit mit ihrer Dynamik von Eroberung und Kontrolle in unmittelbarem Konflikt mit der Geschichte der Erde und ihren Mustern der Biodiversität – ein Konflikt, der die Biosphäre zerstört und unser gemeinsames Überleben gefährdet, wie auch jede kollektive Einsicht in das, was wahr ist, zensiert.

Dabei gibt es eine andere, ältere Geschichte, die überall ist, die Geschichte, die wir mit jedem Atemzug spüren, wie sehr wir Teil der Naturwelt und ihrer Rhythmen und Muster sind. Wir gehören zu einer Welt der Bäume und Wolken, der Flüsse und Winde. Wir reagieren auf die Morgendämmerung und auf den Sonnenuntergang, auf den Winter und auf den Frühling. Und doch haben wir in unserem Gedächtnis den Bezug zu dieser älteren Erzählung verloren und stattdessen eine Maschinerie erschaffen, die genau das Ökosystem zerstört, das uns erhält, das uns leben und atmen lässt.

Das derzeit dringlichste Anliegen ist, wie wir unseren Weg zu dieser ursprünglichen Geschichte zurückfinden und sie zu einer Erzählung für die Gegenwart und für eine lebendige Zukunft machen können. Ja, wir müssen den CO_2-Ausstoß reduzieren, den Verbrauch fossiler Energien senken, Feuchtgebiete renaturieren und mit dem Kahlschlag der Urwälder aufhören. Doch dies alles sind nur die Symptome einer Zivilisation, die ihren Weg verloren hat, die krankhaft selbstzerstörerisch geworden ist. Die tiefere Frage ist, wie wir zu einer Erzählung zurückkehren können, die das Leben stützt – und zwar nicht nur die menschliche Existenz, sondern auch die der mehr-als-menschlichen Welt, die uns umgibt.

Wir müssen uns an die Macht der Erzählungen erinnern. Die Erzählung, die unsere gegenwärtige globale Zivilisation hervorgebracht hat, ist eine des konstanten Wirtschaftswachstums und des Konsumdenkens. Diese Geschichte ist die Grundlage des Amerikanischen Traums und der Idee, dass es jeder Generation besser gehen wird als jeweils der ihrer Eltern, wobei »besser« als »mehr« verstanden wird. Diese Geschichte hat Millionen aus der Armut geführt, dabei jedoch gleichzeitig wenig Rücksicht auf unser tatsächliches Wohlergehen genommen und die dunkle Seite davon, nämlich die ökologischen Folgen, ausgeblendet. Es ist ein Glaubenssystem, das inzwischen zunehmende Ungleichheit und Umweltzerstörung schafft, wie auch den nachfolgenden Generationen die Zukunft raubt.

Geschichten sind eigentlich dazu da, uns zusammenzuhalten, uns zu unterstützen und uns ein Gefühl der Zugehörigkeit zu geben. Aber wir haben keine lebendige Erzählung, die uns in dieser gegenwärtigen Landschaft helfen könnte; es bleibt nur eine große Angst vor den Verlusten. Unsere Politiker zeigen entweder nur ein Nichtwahrhabenwollen oder erzählen uns, was in gewisser Hinsicht viel gefährlicher ist, von der Schaffung einer »grünen Ökonomie«, mit deren Hilfe wir unsere Fantasiegebilde vom endlosen wirtschaftlichen Wachstum fortsetzen sollen. Oder sie verschanzen sich in den Bunkern des Autoritarismus oder Nationalismus und suchen

Macht und Zuflucht in alten Geschichten, die unser gegenwärtiges Dilemma überhaupt nicht ansprechen.

Wir können diesen Moloch unserer industriellen Zivilisation und ihr Wirtschaftswachstum nicht einfach anhalten. Unsere Regierungen haben zu viel in diese Ideologie investiert und erkennen keine Alternative, auch wenn die Vizegeneralsekretärin der UNO Amina J. Mohammed kürzlich sagte, die Welt sei in »eine Spirale der Selbstzerstörung« geraten.

Unsere Kinder und Enkelkinder werden erleben, wie unsere jetzige Welt auseinanderfällt, weil sie schlicht nicht nachhaltig ist. Sie werden mitansehen, wie die CO_2-Emissionen und die Temperaturen weiter steigen, es zu immer mehr Bränden und Überschwemmungen kommt. Sie werden mitansehen, wie die Zahl der Flüchtlinge zunimmt, die Hunger und Krieg zu entkommen suchen. Und sie werden wahrnehmen, wie sich die Risse im Gewebe unserer Zivilisation vergrößern. Dies hat bereits begonnen, zum Beispiel in dem Krieg der Kulturen: wo jene, gefüttert mit Fake News und Verschwörungstheorien, zu irgendeiner nostalgischen Vergangenheit zurückkehren wollen. Oder in dem tragischen entmenschlichten Krieg in der Ukraine, wo eine gescheiterte Ideologie, der Traum von einem verloren gegangenen Imperium, zu Brutalität und sinnloser Zerstörung antreibt. Dies sind Zeichen einer Lebensweise, die vorbei ist, und einer Finsternis, die sich als Nationalismus maskiert.

Wir alle müssen uns in der einen oder anderen Art und Weise daran beteiligen, die alte Welt loszulassen, einfacher zu werden, nachhaltiger zu leben und zu versuchen, die Risse in unserer Biosphäre zu heilen. Jedoch setzen die meisten derzeitigen Lösungen für die Umwelt lediglich denselben wirtschaftlichen Mythos in neuer Form fort. So wird zum Beispiel der Wechsel von Verbrennern zu Elektroautos unsere gegenwärtige Umweltkrise nicht beheben, sondern vielmehr ein anderes ökologisches und humanitäres Desaster hervorrufen, wie sich das bereits in den Kobalt-Minen im Kongo abzeichnet. Wir brauchen eine radikalere Antwort, eine neue Erzählung. Es zieht mich dazu hin, diese existenzielle Wende zu erkunden, auch wenn sie idealistisch erscheint.

Wollen wir in diese neue Geschichte eintreten, ist es unbedingt erforderlich, die Scheuklappen des Rationalismus und der Doktrin von der physischen Welt als fühllose Materie abzulegen. Unsere Vorfahren wussten, dass die physische Welt sowohl körperlich wie spirituell lebendig ist, dass Bäume Geistwesen sind und nicht einfach Nutzholz, und es diese Lebensenergie gibt, den einen Geist, der die ganze Schöpfung durchströmt. Sie lebten in einer durch und durch beseelten Welt, wie wir uns das kaum vorstellen können – es ist so lange her, dass wir dieses Gewahrsein in unserem Bewusstsein hielten. Doch wir können es uns nicht länger leisten, Materie gefangen zu halten, sie als Objekt zur Ausbeutung zu behandeln. Wir müssen erkennen, dass wir Teil einer lebendigen Gemeinschaft sind, eines Netzes des Lebens, allseitig verbunden und voneinander abhängig. Und dieses Netz ist mit vielfältigen Sinnen wach wie auch in einer Tiefe der Seele.

David Abram, der Philosoph und Ökologe, beschreibt diese ursprüngliche Qualität des Gewahrseins, »dass die Inuit, wie auch viele andere Völker, glauben, dass Tiere und Menschen einst dieselbe Sprache gesprochen hätten.« Er zitiert eine Inuit-Frau:

»Am Anbeginn, als die Erde mit Menschen und Tieren bevölkert war ... sprachen alle dieselbe Sprache. Es war die Zeit, da die Worte magisch waren.«[1]

Er schreibt weiter: »Am besten erinnern sich an die heilige Ursprache jene Männer und Frauen, die als Schamanen und Medizinkundige anerkannt sind. Als solche können sie die rein menschliche Diskursebene nach Belieben verlassen, um direkt mit den andersartigen Kräften der Natur zu kommunizieren.«

Wir brauchen solch eine Fluidität des Bewusstseins, wenn wir durch die Trümmer der kommenden Jahre und ihrer selbstzerstörerischen Todesspirale wandern wollen. Wir müssen uns eine Bewusstseinsqualität zu eigen machen, die holistisch ist statt linear und die all die vielen Stimmen unserer Welt einbezieht – die menschlichen und die mehr-als-menschlichen. Und wir müssen uns mit der magischen Dimension der Schöpfung wiederverbinden, die nicht einfach Aberglaube ist, sondern die lebendige Gegenwart ihres göttlichen Wesens.

Wie ich gesagt habe, sind diese Geschichten, die ich teile, einfach, doch gleichzeitig radikal. Einfach, weil sie beschreiben, was bereits um uns herum ist, der Regen in den Bäumen, die Reiher im Feuchtland, der Duft von Jasmin. Radikal, weil sie über die Begrenzungen unseres gegenwärtigen kollektiven Bewusstseins hinaus auf eine elementar andere Art der Wahrnehmung weisen, die zu einer weit zurückliegenden Vergangenheit wie auch zu unserer möglichen Zukunft gehört. Wir können es nicht vermeiden, dass wir durch die Trümmer unserer gegenwärtigen Zivilisation gehen müssen. Wir haben zu lange gewartet und die Signale und grundlegenden Tatsachen des Klimawandels und der Umweltzerstörung ignoriert. Doch wir können gemeinsam auf eine lebendige Zukunft hinwandern, in der unser Wohlergehen und das Wohlergehen der Erde nicht im Widerstreit sind, sondern Teil einer gemeinsamen Reise. Wir können uns auf die Ursprünglichen Weisungen besinnen, unseren Urvertrag mit der Schöpfung und an einen Ort der Zugehörigkeit zurückkehren. Das können wir tun.

WORTE

1

WORTE

Seit mehr als dreißig Jahren versuche ich Worte zu finden, um das Geheimnis der Seele und die Muster ihrer Entfaltung zu beschreiben. Ich habe über Träume geschrieben und die Transformation durch die Liebe, darüber, wie das Herz erwacht, und über unsere innere Alchemie. Ich habe Zustände des Nichtseins beschrieben und eine Stille tiefer als der Geist, und wie wir alle Teil einer lebendigen Einheit sind, die jeden Tautropfen, jede Wolke, jeden Kolibri, der Nektar aus den Blüten in meinem Garten trinkt, einschließt. Und immer bin ich mir der Begrenzungen unserer Sprache bewusst, die sich herausgeformt hat, um die begreifbare Welt der Sinne und die festen Strukturen der Vernunft zu beschreiben, während diese inneren Zustände fluid sind, mysteriös, zyklisch wie die Jahreszeiten und nicht linear. Ich habe versucht, diese nicht greifbare Küstenlinie abzubilden, wo die Welten sich begegnen, die unsichtbaren Welten und unsere Menschenwelt der Leute und Probleme, und zu vermitteln, wie sich das Herz wendet. Und dann rief diese andere Landschaft, dieser Horizont, hinter dem wartend die Zukunft liegt und wie überall um uns Zeichen sind, die wir nicht lesen können, eine längst vergessene Sprache, wie auch das, was zu einfach ist, als Worte es fassen könnten.

Während ich beobachte, wie heute die Morgendämmerung sanft heraufzieht, frage ich mich, ob Worte überhaupt imstande sind, solch einen Moment einzufangen. Können Worte eine Zivilisation entwirren oder einen Weg beschreiben, der uns in eine andere Seinsweise führt? Ein Falke sitzt im frühen Morgennebel auf einer Telefonleitung, und als er auffliegt, fällt eine Feder vor meine Füße. Das lässt mich an einen Zen-Ausspruch von Meister Fuketsu denken, als er gebeten wurde, die Wahrheit zu beschreiben: »Ich erinnere mich immer an den Frühling in Südchina. Die Vögel singen inmitten unzähliger Arten von duftenden Blumen.«

Die herabfallende Feder spricht dieselbe Sprache wie die singenden Vögel. Sie umgeht den Verstand und seine

Denkmuster und öffnet stattdessen unser Bewusstsein für das, was uns immer umgibt. Paradoxerweise und qualvoll müssen wir über die staubige Straße, die Füße blutend, dahinziehen, bis wir diesen Augenblick erreichen, genauso wie ein Mönch viele Jahre lang in stiller Meditation sitzen muss, um zu erwachen. Es war ein Moment der Gnade, als das gegeben wurde, es gibt immer einen Moment der Gnade. Aber nur sehr wenige sind in jenem Moment überhaupt gegenwärtig, wenn man zwischen der Existenz hindurchschlüpfen kann, wenn alles frei und voller Lachen ist. Stattdessen scheint es unser menschliches Schicksal zu sein, den Preis für unser Vergessen zu zahlen, für unseren Mangel an Aufmerksamkeit und für unser Unvermögen, die Zeichen zu lesen.

Und jetzt hat nicht eine einzelne Person, nicht ein in Stille sitzender Mönch, sondern eine ganze Zivilisation diesen Augenblick versäumt, in dem die Einheit völlig gegenwärtig war, in dem die Warnungen gegeben wurden und die Zeichen so leicht zu lesen waren. Die Feder fällt vor meine Füße und spricht ihre eigene Sprache, die von jenen, die vor uns auf der Erde wandelten, so gut verstanden wurde und uns inzwischen so fremd ist. Ich kann sie am Rande meines Bewusstseins erfassen, bevor Gedanken hereindrängen, bevor ich verstehen will. Das ist wie der Ariadnefaden, der mich durch das Labyrinth unserer derzeitigen verrückten Welt führen kann, wo alles auf dem Kopf steht, wo alles so eine große Rolle spielt und so wenig bedeutet.

Nicht Zen-Wahrheit ist es, was uns fehlt, das wäre zu weitab, unerreichbar für unseren zugemüllten Geist. Aber eine simple Veränderung des Bewusstseins hin zu einer neuen Daseinsweise, zu einem Weg, gemeinsam mit der Erde zu gehen. Dort gibt es Lachen und Liebe und Zugehörigkeit, die Rückkehr zur Quelle, wo das Leben ganz und gar lebendig ist, weit weg von den Mustern des Missbrauchs an der Natur und an den Menschen, die so bestimmend für unsere gegenwärtige Existenz sind. In diesem lebendigen Augenblick gibt es keine Probleme und keine Lösungen, denn das Leben ist nicht so, viel eher ist es ein Mysterium und wechselt ständig vom Formlosen in die Form. In all seinen unzähligen Formen ist das Leben ebenso sehr in den Verbindungen und Räumen zwischen den Dingen; das ist dort, wo die Freude entsteht, aber wir sind offenbar außerstande, dies zu erkennen.

Da ich zu alt bin, um mich im Lebensgeschäft zu verfangen, und da ich so viele Stunden in der Stille des Herzens verbracht habe, vermag ich der Welt hier zu entschlüpfen, dieser trostlosen apparategesteuerten Welt, die wir geschaffen haben. Ich bin in der Lage, anderen Tönen und tieferen Stillen zu lauschen und fühle die Textur einer anderen Existenz. Ich versuche von dieser Landschaft zu sprechen, von dieser Weise zu sein, aber die heutigen Worte gehören zur heutigen Welt. Während indigene Völker Sprachen haben, in denen die Worte mit dem Land verwoben sind, Magie besitzen und zu Tieren wie auch Menschen sprechen können, sind unsere Worte nicht so, sie sind aus anderen Gedanken geformt, aus mentalen Bildern, schon lange getrennt von Land und Seele.

Sprache hat sich aus unseren Denkmustern entwickelt, aus unseren Verbindungen untereinander und unserer Beziehung mit der uns umgebenden Welt. Sprache verstärkt auch unsere Art zu denken. Vernunft und Wissenschaft verlangten nach einer klaren, präzisen Sprache, einem nüchternen Stil des Schreibens, um eine Welt der harten Fakten wiederzugeben, wodurch eine Qualität lyrischer Schönheit und Mehrdeutigkeit verloren ging, die bei Shakespeare noch so lebendig war, der so viele neue Worte schuf, und wir lernten, enggefasster und rationaler zu denken. In den vergangenen Jahren erfanden wir sogar eine neue Sprache, die der Einsen und Nullen, die inzwischen so viel von unserer Welt programmiert und uns ihre logischen, linearen Muster aufzwingt, wodurch wir uns noch weiter von der mehr-als-menschlichen Welt entfernen, die uns umgibt. Ihr binärer Charakter beeinflusst uns stärker, als wir meinen, indem ihre Algorithmen unsere Wahrnehmung verzerren und uns noch mehr aus dem Gleichgewicht bringen.

Eines Tages, im gegenwärtigen Augenblick wie auch weit entfernt von jetzt, werden die Worte wieder lebendig werden, Namen werden heilig sein und im Einklang mit den Schöpfungsmustern singen, mit ihrer Magie und ihrem heiligen Sinn. Die inneren und äußeren Welten sind dann nicht länger getrennt, sondern sprechen miteinander, erzählen sich Geheimnisse. Ich würde gern dabei sein, wenn diese Sprache kommt, aber ich bin zu alt und diese Zukunft ist zu weit weg. Stattdessen deute ich auf Pfade und Gärten hin, deren Tor immer offen steht, auf Wege zu lauschen und zu bezeugen.

Ich bin dankbar, dass Worte weiterhin Geschichten erzählen und etwas einweben können, was zwischen den Welten ist. Diese Welt ist nicht so, wie wir denken; sie ist aus einer Substanz gemacht, die nicht aus Atomen oder Teilchen besteht, und in ihren Tiefen gibt es ein geheimes Lied. Worte können den Saum dieses Lieds berühren, auch wenn die wahre Sprache des Lieds längst vergessen oder noch nicht wiedergefunden ist. Worte können uns erinnern, uns über versteckte Pfade führen. Sie sind Freunde und Gefährten auf dieser Reise, besonders wenn wir zulassen, dass sie die Ränder unseres Bewusstseins verschieben und weiten. Ich hoffe, diese Worte sind fluid genug, um in den gegenwärtigen Augenblick zu führen.

Ich sehe der Feder zu, wie sie herabsinkt und wische mir eine Träne ab, weil Wahrheit und Trauer in dieser Zeit Hand in Hand gehen, in dieser Zeit, da die Achse der Welt sich verschiebt, wir aber zu beschäftigt mit den Problemen von heute sind, um es zu bemerken. Da unsere Gedanken nicht umfassen können, was numinos und so voller Wunder ist. Eines Tages wird die Zukunft eintreffen, in der ihr eigenen Zeit und nicht gefangen in Uhren oder durch Fakten bestimmt. Eines Tages wird der Augenblick singen, und wir erinnern uns dann, warum wir hier sind.

ALS
DIE QUELLE
FREI
FLOSS

2

ALS DIE QUELLE FREI FLOSS

EINE ERZÄHLUNG FÜR DIE GEGENWÄRTIGE ZEIT

Ich habe diese Worte in der Zeit der großen Pandemie geschrieben, als unsere Welt sich für wenige, kurze Monate verlangsamte und fast stehen blieb; als die Stille um uns zunahm und ein Augenblick entstand, in dem ein anderes Lied als das von Fahrzeugen und Handel zu hören war: ein Lied, das dem Samen einer Zukunft angehört und von unseren Herzen vernommen werden muss.

Dieses Lied kommt von einem Ort, wo die Engel anwesend sind, wo das Licht geboren und die Zukunft geschrieben wird. Das ist eine Zukunft, die auf den Anfang zurückgeht, in die Zeit, als der Menschheit die Namen der Schöpfung gegeben wurden, als die Wasser rein waren und die Pflanzen und

Tiere ihre wahre Bestimmung sangen und wir mit Lobpreisen und Danksagen zugegen waren.[2]

Und jetzt, auch wenn Tausende von Jahren vergangen sind, Zivilisationen entstanden und verfielen, sogar jetzt, in dieser Zeit des großen Vergessens – wo die Quellen versiegt sind, wo die Luft vergiftet ist, wo wir uns am Ende einer Ära inmitten eines großen Aussterbens befinden –, ist diese essenzielle Note wieder in meinem Bewusstsein gegenwärtig, dieses Lied der Engel, das auch das Lied der Schöpfung ist, von allem, was geboren wird und ins Dasein tritt. Ohne diese Rückkehr zur Quelle kann nichts Wahres ins Entstehen kommen; es sind dann nur weitere Schichten der Verzerrung da, weitere Schleier, die uns das, was wirklich ist, verdecken. Dabei ist diese Note von der Quelle so einfach. Sie ist keine Antwort auf eine Frage, denn in der Unkompliziertheit des SELBST gibt es keine Fragen. Gleich einer Knospe, die im Frühling aufspringt, *ist* sie nur – das Leben, das nach einem langen Winter, nach Stürmen und Schnee zurückkehrt.

Ich will versuchen, die Geschichte von diesem Anfang zu erzählen, von dieser Note der Quelle, diesem Ort des reinen Seins. Denn Erzählungen sind das, was das Ungeborene ins Leben bringt, es ermöglicht, dass ihre Lieder vernommen und verstanden werden. Erzählungen sind das, was uns in die vielen Farben der Existenz einwebt, uns an die Hand nimmt und in den Kreis des Lebenstanzens führt. Und in dieser Zeit – wo wir von all den Zeichen einer Zivilisation umzingelt sind, die ihren Weg verloren und vergessen hat, was heilig ist –, ist es lebenswichtig, dass wir erkennen: Ein neuer Tanz beginnt, eine neue Note der Liebe, welche die Menschheit und das Netz des Lebens miteinander verbindet.

Jede Kultur hat ihre Schöpfungsgeschichte, sei es der Garten Eden des jüdisch-christlichen Raums oder das Große Licht, das mit Skywoman, der Himmelsfrau, beim Volk der Haudenosaunee[3] zur Erde fällt. Sie erzählt uns, wo wir von Beginn an zugehören und wie dieser Anfang dann in unsere Leben hineingewirkt ist. Und viele Jahrhunderte leben wir diese Geschichte: Wir sind ein Volk nach dem Sündenfall, verbannt aus dem Paradies, führen ein Dasein »im Schweiße unseres Angesichts«, oder wir befinden uns in der Großzügigkeit eines Landes, wo der Gute Geist Sein Volk beschützt. Und jetzt, am Ende einer Ära, wo diese Geschichten meist nur noch in Büchern erinnert werden und wo wir leben, ohne dass unsere Füße wirklich die Erde berühren, gibt es die Möglichkeit einer neuen Erzählung – eine, die die Süße dieses ersten Frühlingstags mit sich bringt, als die Sonne sich rundete und das Land erwärmte und alles als heilig empfunden wurde. Und wenn wir die Note dieses Neubeginns nehmen und sie in unsere Erzählungen und Lieder einweben und sie zu einem Erinnern machen können, das in jedem Moment lebendig ist, dann kann die Erde geheilt werden und ein neuer Lebenszyklus seinen Anfang nehmen. Oder wir bleiben verloren in den Trümmern der Welt stecken, die wir aus Stahl und Beton erschaffen haben, und wissen längst nichts mehr von der heiligen Natur des Lebens.

Natürlich gebe ich auch meine eigene Geschichte wieder, denn alles, was wir wahrhaft erzählen können, ist unsere eigene Geschichte – das, was uns leben lässt und uns Sinn gibt. Und unsere eigene Geschichte ist unser größtes Geschenk an das Leben, sofern wir den Faden finden, das Lied unserer eigenen einzigartigen Geschichte, und sie von allen anderen Geschichten um uns herum entwirren können, besonders von den dunklen Träumen der Konsumkultur, den kollektiven Narrativen von Gier und Verlangen, die das Netz des Lebens zerstören. Wenn es uns gelingt, uns der wesentlichen Geschichte unserer eigenen Existenz zuzuwenden und sie freizulegen, können wir das, was wirklich ist, der Erde zurückgeben, die sich nach dieser einfachen Nahrung sehnt, nach dieser *Songline* einer Seele. Die Erde hat uns in Ihrer endlosen Großzügigkeit das Leben und die Gelegenheit geschenkt, unsere Geschichte zu leben, und damit geben wir Ihr dieses Geschenk, diese Note der Liebe, zurück. Vor vielen Jahren ist mir gezeigt worden, wie das eine Gabe auf dem Altar des Lebens sein kann:

Warte, bis du deine eigene Geschichte wie einen Traum empfindest, wie eine Möglichkeit, und bringe sie dann der Erde als Gabe dar. Schenke der Erde deine eigene Geschichte, reich an Sinn und Möglichkeiten und erfüllt vom Lied der Seele, diesem uralten Lied, so alt, dass es vor Anbeginn geboren wurde und doch um die Bedeutung der Zeit weiß. Die Erde wurde so sehr zerstückelt, dass sie es braucht, wieder Ganzheit zu erfahren, Ganzheit als Geschenk zu erhalten. Was du darbieten kannst, ist deine eigene Geschichte, die deine Ganzheit ist, die Essenz deines Werdens als Samen für das Herz der Welt.

Meine eigene Geschichte begann an einem Sommertag, als ich sechszehn war und ein Zen-Koan über Wildgänse las, das mir ein Tor in eine Welt voller Wunder öffnete. Bis dahin hatte ich die Geschichte meiner Eltern gelebt, eine graue obere Mittelschicht-Kindheit mit Internat, kalten Bädern und Sport. Ich fing dann an zu meditieren und bekam Zugang zu Zuständen der inneren Leere, aber auch einen Schlüssel zu einer Welt voller Licht und Lachen, zu Sonnenlicht, das sich funkelnd auf dem Wasser spiegelt. In meinem Internat gab es einen Garten am Fluss, wo ich nach dem Unterricht hinging und in dieser erwachenden Welt des Wunders, der Farben und Düfte saß. Das war eine Zeit des Gebets ohne Worte, ein Gebet, weil die ganze Schöpfung um mich herum mit Licht pulsierte, und ich konnte dort sitzen und alles wahrnehmen und das Wasser um meine Hände spielen sehen, wenn sie in den Fluss eintauchten.

Und jetzt, ein halbes Jahrhundert später, ruft mich dieser Garten wieder. Seine Geschichte erzählt mir von einer anderen Weise zu sein, die sowohl der Stille wie auch der Liebe angehört wie auch den einfachen Geräuschen der Natur, dem Vogelgesang und dem Wind in den Bäumen, dem über Steine gurgelnden Wasser. Ich will versuchen, diese Geschichte so zu erzählen, wie sie mir ins Bewusstsein kommt, während ich über die Wege dieses Gartens gehe und die Erinnerungen in der Luft fühle. Dies ist für mich die Welt vor dem Sündenfall, bevor wir vergessen haben, als Magie und Wunder so gegenwärtig waren wie der Atem.

Doch bevor ich diese Wege entlangwandere, noch bevor ich diesen Garten der Magie und des Wunders überhaupt betrete, wo das duftende Geißblatt über die Mauer rankt und der Jasmin eine Symphonie weißer Süße ist, muss ich ein wenig über die Dunkelheit sprechen, denn gegenwärtig wird ein dunkler Faden in den Teppich des Lebens eingewebt. Diese Pandemie hat uns mit kollektivem Leid, Angst vor dem Tod und Angst um die Gesundheit unserer Lieben wie auch um unsere eigene Zukunft konfrontiert. Da gibt es auch die Qualen der Armen, Hunger und bittere Not, die Wanderarbeiter ohne Dach über dem Kopf, ohne Beschäftigung und damit ohne Essen. Dieses Leiden ist Tatsache und berührt die sozialen und ethnischen Ungleichheiten unserer Kulturen. Und während sich das um uns herum zuträgt, sind wir der Perspektive auf die vielen Katastrophen ausgesetzt, die mit dem fortschreitenden Klimazusammenbruch unsere Welt immer stärker überziehen werden – und zwar nicht als wissenschaftliche Prognose, sondern als ganz und gar erlebte Realität, die noch mehr Flüchtlinge in Lagern und Migration mit sich bringen wird, Hungersnöte, wenn die Ernten in Folge der Dürren oder Überschwemmungen immer häufiger ausfallen. Ja, wir erfahren die Samen der Liebe und des Mitgefühls, wo sich die

Gemeinschaften zusammenfinden und sich gegenseitig helfen und unterstützen. Doch wir dürfen nicht die dunkle Seite der kommenden Jahre verdrängen, wenn Sorge zur Angst, Hunger zur Hungersnot und soziale Unruhen zu sozialem Zusammenbruch führen. Diese Zeit des Übergangs wird nicht leicht sein. Es ist ein düsterer Preis, der für den Missbrauch der Erde gezahlt werden muss, für all die Jahre, die wir in unseren Mustern des Nichtwahrhabenwollens verloren haben, mit unserer Ausbeutung, unserer Gier und Korruptheit, trotz all der Warnungen, die uns gegeben worden sind.

Als wir zum ersten Mal vor langer Zeit in dem Garten umhergingen, waren wir noch Kinder – unschuldig, nackt und unwissend. Wenn wir uns jetzt wieder erinnern, durch das Tor zu gehen, das immer offen ist, werden wir den Preis unserer Vergesslichkeit bezahlt haben. Wir werden gelitten und geblutet haben. Anders ist es nicht möglich.

Und jetzt, wo wir uns so weit von der Quelle entfernt haben, ist es notwendig, dass wir uns unserer Ursprünge erinnern, dass wir zu dem Ort zurückkehren, an dem wir vor so langer Zeit geboren wurden. Unsere Wissenschaftler erzählen uns, dass der Ursprung unseres Universums der Urknall vor fast vierzehn Milliarden Jahren gewesen ist, als aus der Nichtexistenz heraus als erstes Licht geboren wurde und dann das physikalische Universum ins Dasein kam. Und dann, vor nur vier Milliarden Jahren, zeigte sich das erste Leben auf dem Planeten.

Aber unsere Heimat ist nicht allein der physikalische Planet, sondern auch die numinose Welt der Seele und ihre Erzählungen, Geschichten, die beschreiben, wie unsere Welt zum Beispiel aus der Aboriginen Traumzeit heraus in die Existenz kommt, die nicht irgendeiner definierbaren Vergangenheit angehört, sondern dem »Immerwährend«. Oder wie die Mystikerinnen und Mystiker erfahren: Überall um uns herum, jeden Moment eines jeden Tages kommt der Tanz des Lebens in die Existenz, indem die unermessliche Leere Form annimmt. Aber dieses tiefere Verstehen unserer Existenz ist von den Konzepten unseres Geistes und seinen Denkmustern zugedeckt worden.

Deshalb müssen wir, um uns wieder mit der Quelle zu verbinden, ein ursprünglicheres, reineres Bewusstsein freilegen und dahin zurückkehren. Wir müssen den Garten wieder betreten, wo das Leben, das Licht und die Liebe zuerst miteinander verwoben wurden, wo die Fäden, die unsere Existenz bestimmen, ins Dasein kamen.

Dieser Garten ist überall um uns verborgen, doch gegenwärtig an Orten, wo unser verstandesmäßiges Ich keinen Zutritt hat. Hier stehen die Engel Wache, bewahren die Integrität alles Heiligen, halten das Licht des Ersten Tages. Und sie warten auch darauf, dass wir zurückkehren, dass wir die Wolke, die uns einhüllt, diesen Nebel des Vergessens, verlassen und zu dem zurückkommen, was heilig, was essenziell ist, was weder Vergangenheit noch Zukunft hat, auch wenn es beide einschließt. Ja, wir sind aus dem Sternenstaub und jenem ersten Licht geboren; wir wirbelten aus der Nichtexistenz heraus und wir bergen diese Erinnerung in unserer DNA, in den Zellen unseres Körpers und in unserer Seele. Und bevor die Erde nur noch tote Materie sein wird, ausgelöscht durch Ausbeutung und Gier, müssen wir diese Erzählung finden, dieses Lied, diesen Tanz, diesen Traum, und der Erde dadurch helfen, wieder lebendig zu werden, damit Ihre Farben durch die Lüfte singen.

Denn so, wie Erzählungen unsere Seele nähren und uns ein Gefühl der Zugehörigkeit geben, so nähren auch Erzählungen die Erde auf geheimnisvolle Weise. Es ist Teil des uralten Bundes zwischen der Menschheit und der Naturwelt, wie Magie in das Netz des Lebens eingewoben wird und wie diese Magie wieder lebendig werden kann wie in den *Songlines* der Traumzeit, in den Symbolen der *First Peoples*, in den in Stein gemeißelten Spiralen, oder in den auf Höhlenwände in Südfrankreich gemalten Tieren wie Wisente, Stiere und sogar ein Nashorn. Unsere vernunftbetonte Welt mag ja Magie aus unserem Bewusstsein verbannt haben, aber sie ist noch immer in der Erde und Ihren Wegen sehr anwesend. Sie erzählt von den verborgenen Mysterien des Lebens, der Macht heiliger Orte oder den Heilkräften der Pflanzen. Das ist traditionell die Domäne der Priesterinnen oder Schamanen, aber auch unser gemeinsames Erbe, Teil der Weisheit früher Tage. Und wenn wir mit Ehrfurcht und Dank zur Erde sprechen, wenn unsere Erzählungen, unsere Geschichten wahrhaftig sind, kann die Magie in der Welt erwachen und das Leben nähren, die Wasser reinigen, die verschmutzt worden sind, und ihm die Kräfte zurückgeben, die es verloren hat.

So, wie wir vergessen haben, aufmerksam der Erde zu lauschen, so haben wir auch das Wissen verloren, wie man zu Ihr spricht. Wir haben keine Rituale mehr, die uns mit Ihr verbinden, auch hören wir nicht mehr dem Wind zu und dem Wachsen der Pflanzen. Und wir kennen auch nicht mehr die Worte, wie man sich mit Ihr austauscht, oder die Geschichten, die man Ihr singt. All das wartet darauf, wiederentdeckt zu werden, denn es ist unser Erbe und gehört zu unserer Vergangenheit und zu unserer Zukunft, zu unserer gemeinsamen Reise mit der Erde. Der Rhythmus der Trommel und die Rufe der Flöte, das heilige Lied und das Stampfen tanzender Füße – all das war die Art, wie unsere Vorfahren mit der Erde kommunizierten. Unterschiedliche Musik, unterschiedliche Lieder für die einzelnen Jahreszeiten, für die Pflanzzeit, für die Ernte, für die Jagd. Der Duft rituellen Tabaks in der Nachtluft. Und so müssen wir wieder erlernen, wie man zu den Bäumen und Flüssen und Sternen spricht, wie man seine tiefsten Geheimnisse in die Stille der Nacht flüstert, und uns erinnern, dass wir alle eine einzige Familie sind, verbunden von Anbeginn an.

Und mit diesen Worten versuche ich die Geschichte der frühen Tage zu erzählen, Tage des Lachens, der Freude und der Zugehörigkeit. Ich weise zu den Pfaden des Gartens der Seele, den Blumen und Obstbäumen und Quellen klaren Wassers. Und schau – da spielen Kinder, der Augenblick ist gegenwärtig, erfüllt von Magie und heiligem Sinn wie auch von Spaß und Humor. Weil wir uns selber verbannt haben, suchen wir ständig nach dem, was bereits um uns herum da ist, während die Frühlingsblüten fallen. Unsere ganze Kultur ist im Exil, der Boden unter unseren Füßen unfruchtbar. Ja, die indigenen

Völker bewahren viel von der Weisheit jener frühen Jahre, die *Songlines* und die Gaben der Erde. In ihrer Sprache und in ihren Mythen und Geschichten haben sie dieses Erbe weitergereicht, obwohl sie oft vertrieben wurden und man ihnen ihre Stimme zusammen mit dem Land, das sie lehrte, aberkannte. Aber wir können nicht zu ihren Lebensweisen zurückkehren. Diese Zeiten in den Wäldern oder den Steppen und Wüsten sind zu fern für die meisten von uns. Wir müssen stattdessen unseren eigenen Weg gehen, mit unseren eigenen Füßen den Boden wieder entdecken, der so nah ist und so fern. Doch bevor wir finden können, was wir brauchen, müssen wir uns eingestehen, dass wir verloren sind.

Es ist hart zu sehen, wie eine ganze Zivilisation ihren Weg verloren hat und unter den Trümmern ihrer Konsumträume und ihrer Strukturen der Ausbeutung begraben wird. Doch was verloren gegangen ist, kann auf neue Weise wiedergefunden werden – als das Wiedererwachen der Seele der Menschheit und der Seele der Welt. Viele Jahre lang wird die äußere Welt weiter ihren Preis bezahlen müssen: mit gesellschaftlichem und wirtschaftlichem Zusammenbruch, indem die Zivilisation den Folgen der Klimakrise ausgesetzt ist. Aber für diejenigen, deren Herzen offen sind, gibt es einen Samen für eine neue Daseinsweise, und meine Aufmerksamkeit richtet sich darauf, eine Verbindung zwischen den Welten zu halten, zwischen der äußeren Welt der Form und der inneren Welt, der Geist- und Seelenwelt, und sie in einem Tanz der Liebe wieder zusammenzubringen. Und während dies die Arbeit der Schamaninnen und Seher seit frühesten Tagen gewesen ist, kommt jetzt eine neue Note hinzu, ein Ruf und eine Antwort: Der Schrei der Erde ist von denen, die der Liebe angehören, vernommen worden, und etwas kann dem Herzen der Welt gegeben werden, damit es singt.

Deshalb ist die Rückkehr zum Ersten Tag so essenziell, denn in jener Zeit vor der Zeit ist ein Ort der Reinheit und des Heilens, »ein reiner Strom der Wasser des Lebens, klar wie Kristall«. Und aus diesem Wasser kann etwas Neues geboren werden – nicht aus den Strukturen der Vergangenheit mit ihren Mustern von Macht und Ungleichheit, ihrer Aufspaltung in männlich und weiblich, in Geist und Materie, sondern in der Ganzheit des Lebens, wie es zu Anbeginn war.

Wie alle Samen wird dieser Neuanfang warten und in der Dunkelheit keimen müssen, bis die äußere Welt sich umwendet und der Frühling ins Land zurückkehrt. Traurigerweise kann diese herannahende Jahreszeit des Winters und der Dunkelheit wegen unserer Gier und unseres Missbrauchs der Erde Jahrzehnte andauern. Wir kommen in eine Zeit der Verfinsterung des Lichts, was zum Ende einer Ära gehört. An diesem Punkt sind all unsere Träume von einem globalen Systemwechsel oder einem spirituellen Erwachen verfrüht.

Sogar in der Zeit der Pandemie – als man hoffte, der Schock würde uns warnen, die Erkenntnisse der Klima-Wissenschaftler nicht ernst zu nehmen und abzuwarten, bis es zu spät ist – gab es wenig Anzeichen für eine wirkliche Veränderung. Eher erlebten wir den Wunsch der Regierungen, so schnell wie möglich zur »Normalität zurückzukehren«. Dabei hatte in Hongkong ein zu Beginn der Pandemie geschriebenes Graffiti verkündet: »Wir können nicht zur Normalität zurück, weil das Normale, das wir hatten, genau dieses Problem ist.«

Und da unsere globalen Systeme, die auf dem Mythos des materiellen Wohlstands basieren, gefördert von autokratischen Politikern und korrupten Konzernen, so fest verankert sind, kehren wir zu billigen Flügen und Wegwerf-Waren zurück und fahren damit fort, unsere Luft zu verpesten, unsere Meere mit noch mehr Plastik zu füllen und immer mehr unserer uralten Wälder für Palmölplantagen abzuholzen. Die gegenwärtigen Machtstrukturen und die Angst vor einer wirklichen Veränderung werden dafür sorgen, dass wir das Ungleichgewicht aufrechterhalten, das diese Krise ausgelöst hat, ebenso wie die gesellschaftliche und ethnische Ungerechtigkeit, die sicherstellt, dass die Armen am meisten leiden. Es wird Zeit brauchen »dem Leben des Konsums zu entkommen und es mit dem Leben der Gemeinschaft zu tauschen« und wieder zu lernen, in Harmonie mit der Natur zu leben. Und es wird schmerzhaft sein, wenn die alten Strukturen zusammenbrechen. Aber diejenigen, die Hüter und Hüterinnen der heiligen Wege sind, werden den Samen in ihren Herzen und der Erde bewahren und sie mit ihren Gebeten und ihren Tränen wässern, wie sie es immer getan haben.

Ja, wir müssen lernen, wie man am Ende einer Ära lebt, in einer Zeit der wachsenden Unsicherheit, der Unruhen, ja sogar des zunehmenden Chaos. Wir werden mehr und mehr den Wert der Fürsorge, des Mitgefühls und der Gemeinschaft erkennen und die Instrumente radikaler Resilienz entwickeln, wie wir das jetzt schon in unserer Antwort auf das Virus erlebt haben. Am wichtigsten ist, dass wir wieder herausfinden, was es heißt, für eine Zukunft von sieben Generationen oder länger zu handeln. Wir versuchen vielleicht, uns eine Zukunft mit sauberer Energie, lokal angebauten Nahrungsmitteln und einer

Wende zur Schenkökonomie hin vorzustellen. Doch damit sich das Leben erneuern, damit der Samen gedeihen kann, müssen wir uns zu allererst dem Nichtwissen und der Unsicherheit öffnen und dadurch der tieferen organischen Weisheit der Erde gestatten, wieder an die Oberfläche zu kommen, diesem Wissen, das Kenntnis von der allen Dingen innewohnenden Ganzheit hat und die Menschheit nicht als getrennt von der Natur mit ihren zahllosen Bewohnern betrachtet. Ohne diese Umkehr zum Grundlegenden werden wir in den Trümmern dieser von uns geschaffenen fragmentierten, verwüsteten Welt verharren.

Natürlich wird es in diesen Jahrzehnten der Verfinsterung die kleinen Freuden des Lebens und der Liebe geben – das Leuchten in den Augen eines Kindes und der Kuss sich Liebender. Wir werden Brot backen und Marmelade aus den Früchten im Garten kochen und womöglich die eine oder andere unserer Technologien gegen die Stille und das Lauschen eintauschen. Unsere Welt wird nicht durch die Wissenschaft gerettet werden; ihre Wunden sind zu tief, ihr Ungleichgewicht zu fundamental. Aber es gibt ein neues Wissen, das darauf wartet, entdeckt zu werden, wie auch die uralte Weisheit der Erde uns lehren kann. Die Erde ist immer großzügig. Worauf es ankommt, ist, dass wir wieder Bescheidenheit und Empfänglichkeit lernen und aufhören, der Natur unseren Willen aufzuzwingen. Wir können zwar nicht mehr zu der einfachen Lebensweise indigener Völker zurückkehren, doch wir können wieder Wege finden, so zu leben, dass wir uns nicht weiter von unserem gemeinsamen Haus entfremden. In der jetzigen Zeit sollten wir, statt Pläne für neue Systeme oder eine imaginäre Zukunft zu entwerfen, die wahrscheinlich nie eintritt, uns auf unserer Reise zurück durch das Tor in den gegenwärtigen Augenblick führen lassen, wo der Garten der Seele der Welt unsere Aufmerksamkeit braucht.

Meine eigene Geschichte hat mich zu diesem Ort der reinen Liebe, des Lichts und der Freude zurückgeführt, diesem Ort des Werdens, wo die Essenz des Lebens Form annimmt, wie in den Minuten nach dem Urknall, als das Licht geboren wurde. In mir gibt es eine Erinnerung an die frühen Tage unseres Menschseins hier auf der Erde, als alles lebendig war und in seiner wahren Natur erkannt, als das Lied der Seele der Welt klar zu hören war – in den Klängen der Schöpfung, in dem Fallen des Regens, in dem Chor der Zikaden, im Schrei des Käuzchens, aber auch in der Stille, die zu dieser Zeit gehörte. Und jetzt, wo die Sonne durch den Nebel des frühen Morgens gebrochen ist und ich in den Garten schaue, den meine Frau am Hang nahe des Hauses angelegt hat, kann ich diese Gegenwart noch fühlen. Hier ist Frühling – die Obstbäume voller sich zu Blüten öffnender Knospen, die sich lavendelblau über den Gartenschuppen ergießende Glyzinie. Bald werden weitere Farben hinzukommen, Violetts, Gelbs und Rosas, und sie bringen neue Düfte mit. Der Garten wird lebendig mit seinen Buddleja-Sträuchern und Fingerhüten, am Zaun hochrankender Clematis, mit Kolibris, die mit ihren langen feinen Schnäbeln den Nektar aus den Blüten trinken. Das ist ein Treffpunkt der Welten, wo alles willkommen geheißen wird, die Geister des Landes und die Wesen des Lichts, voller natürlicher Magie, so, wie es immer war, zu Anbeginn.

II

Die Corona Virus-Pandemie hat uns gezeigt, wie schnell uns alle ein Ungleichgewicht in der Natur betreffen kann und betreffen wird, plötzlich und ohne Rücksicht auf Landesgrenzen und Kontinente. Wir haben miterleben müssen, wie unsere Gesundheitssysteme überfordert wurden und unsere wirtschaftlichen Strukturen zusammenbrachen und die wachsenden Menschenschlangen vor den Lebensmittel-Ausgaben das soziale Ungleichgewicht deutlich machten. Und alle, die nicht in dem Irrglauben des Leugnens gefangen sind, wissen: das hier ist nur eine Warnung, ein Vorbote unserer kommenden Klimakrise. Ja, es gibt hoffnungsvolle Anzeichen, wie rasch sich die Natur erholt und die Luftverschmutzung nachlässt, wenn wie während des Lockdowns die menschlichen Aktivitäten zurückgefahren werden, wie Kormorane in dem klaren Wasser der Kanäle von Venedig nach Fischen tauchten, und Wildziegen durch walisische Dörfer streiften. Aber diese Pause blieb nicht. Und obwohl schon so viele unter der unzureichenden globalen Reaktion auf die vorübergehende Realität dieser Pandemie litten, wird unsere Passage durch die Klimakrise weitaus schmerzvoller sein.

So viel Arbeit muss in der äußeren Welt getan werden, um die kommende Krise einzugrenzen: die CO_2-Emissionen verringern, Bäume pflanzen, Sumpfgebiete renaturieren, erneuerbare Energiequellen einsetzen, unsere Nahrung auf weniger Fleisch- und Milchprodukte umstellen und ökonomische Modelle entwickeln, die unsere derzeitige soziale und ethnische Ungleichheit beheben. Wir werden uns alle bemühen müssen, die alte Welt loszulassen, zu vereinfachen und nachhaltiger zu leben. Warum sollten wir angesichts solcher konkreter Herausforderungen unsere Aufmerksamkeit einem Traum zuwenden, einer Vision eines mythologischen Ersten Tages? Wie kann uns das dabei helfen, das kommende Leid zu lindern?

Es gibt einen einfachen Grund: Wir sind Kinder einer Zivilisation, die ihren Weg verloren hat, die finanziellen Gewinn über menschliches Wohlergehen stellt und pathologisch ihr eigenes Ökosystem zerstört. Wenn wir nicht den Weg zurück finden, werden all unsere Bemühungen nicht fruchten, die Welt ins Gleichgewicht zu bringen. Es ist absolut notwendig, zur »Wurzel der Wurzel« zurückzukehren, denn der Kern unserer Notlage ist unser kollektives Vergessen der Heiligkeit der Schöpfung. Weil wir nicht mehr wissen, dass die Erde heilig ist, beuten wir Sie als Rohstoffquelle aus und die Menschen sind zu Konsumenten geworden, die dieses ökonomische Leitbild zu erfüllen haben.

Und deshalb besteht die Notwendigkeit, gibt es einen Ruf, zum Anbeginn zurückzukehren, als sich die Tore des Paradieses noch nicht hinter uns geschlossen hatten, als wir noch um die heilige Natur von allem Existierenden wussten. Es ist eine Tatsache, dass jede wirkliche Reise eine Rückkehr ist, »dort anzukommen, wo wir aufgebrochen sind, und den Ort zum ersten Mal kennen zu lernen.« Solch eine Reise ist eine Reise des Erinnerns, des Enthüllens von dem, was essenziell ist und das so häufig unter der Oberfläche verborgen ist. Und jetzt, wo sich unsere globalen Strukturen als unzulänglich und sich unsere Bilder von Fortschritt als falsch erwiesen haben, müssen wir zu einer Erzählung außerhalb der Zeit zurückgehen, dahin, als die Quelle frei floss.

Und wir müssen uns auf die Wirkmacht von Erzählungen besinnen. Das Narrativ, das unsere gegenwärtige globale Zivilisation erschaffen hat, ist das des ständigen Wachstums und des Konsums. Diese Geschichte hat Millionen aus der Armut geführt, doch sie hat zugleich wenig Interesse an unserem derzeitigen Wohlergehen, und ihre dunkle Seite sind die ökologischen Auswirkungen. Es ist ein Glaubenssystem, das wachsende Ungleichheit und Ökozid bedeutet wie auch den Diebstahl der Zukunft künftiger Generationen. Greta Thunberg drückt das so aus:

»Unsere Zivilisation wird zugunsten einer sehr kleinen Anzahl von Leuten geopfert, die weiterhin riesige Gewinne machen. Unsere Biosphäre wird geopfert, damit Leute in Ländern wie meinem in Luxus leben können. Es ist das Leid der Vielen, die für den Luxus der Wenigen bezahlen.«[4]

Dieses Narrativ hat eine Handvoll Leute reich und mächtig gemacht und uns so sehr in seinen Bann geschlagen, dass wir in seinen Behauptungen gefangen sind. Um noch einmal Greta zu zitieren: »Ihr redet nur davon, Fortschritte zu machen mit denselben schlechten Ideen, die uns in diesen Schlamassel gebracht haben. Auch noch, wenn es das einzig Vernünftige ist, die Notbremse zu ziehen.«

Jetzt haben wir die Chance, uns zu erinnern, dass es noch eine andere Erzählung gibt, eine Geschichte, die so machtvoll ist, dass sie in unseren unbewussten Erinnerungen, in unseren Mythen, Jahrtausende lang fortgelebt hat. Sie ist so viel »wirklicher« als die Geschichte von Billigwaren aus China. Sie gehört zu unserem Uranfang und zur Quelle des Lebens. Und statt uns verarmen zu lassen, kann sie uns stärken; statt das Netz des Lebens zu zerstören, kann sie die gesamte Schöpfung erhalten.

Und es ist eine Liebesgeschichte, denn die Liebe ist die Grundlage aller Existenz – die Energie, die Macht, welche die Schöpfung aufrechterhält. Ohne die Liebe würden die Atome aufhören, sich zu drehen, und die Hoffnung würde sterben. Die Mystiker und Mystikerinnen wissen, dass das Gesamt der erschaffenen Welt eine Ausgießung von Liebe ist, gehalten durch die Liebe. Und ganz am Anfang, in dem immer gegenwärtigen Augenblick, wurden Liebe und Licht zusammen geboren – aus der Leere heraus, aus dem Formlosen kam die Liebe ins Sein und webte die Fäden der Existenz. Und auch jetzt, wo wir unseren Weg verloren haben, gehören die Liebe oder die Sehnsucht nach der Liebe zur zentralen Essenz des Menschseins. Wir konnten das an unseren instinktiven Reaktionen in der Pandemie sehen, wo in dieser Zeit der Not Liebe und Fürsorge für andere aufschienen. Doch kollektiv leben wir weiterhin eine Geschichte des Geldes, ohne Herz, ohne diese zentrale Note. Wir müssen unseren Weg zurück zur Liebe finden, und der vergessene Garten der Seele verbindet uns wieder mit der Liebe – das ist Teil seines Geheimnisses, seiner Magie.

Und die Liebe gehört zur Einheit. Wir kennen das aus unseren menschlichen Beziehungen, wie die Liebe uns näher zueinander zieht, und in ihren intimsten Momenten können wir zu physischer Einheit verschmelzen. Sie kann in uns auch das Bewusstsein wecken, dass wir eine einzige menschliche

Familie sind, und auf tiefster Ebene vermag sie uns wieder mit dem essenziellen Einssein allen Lebens zu verbinden – mit der Erde selbst. Die Liebe wird uns erinnern, dass wir Teil des Lebens sind, dass wir zusammengehören und zu diesem lebenden, leidenden Planeten. Wir brauchen nur »Ja« zu sagen zu diesem Mysterium in unserem Herzen, um uns für diese Liebesverbindung zu öffnen, die uns alle eint und in das Netz des Lebens eingewoben ist. Nur von diesem Ort lebendiger Einheit aus können wir einander in der jetzigen Krise unterstützen und dann in eine Zukunft gehen, welche die heilige Natur allen Daseins anerkennt und empfindet, und auf diese Weise unsere Welt wieder ins Gleichgewicht bringen. Wir können aus dieser Krise mit einem tieferen Bewusstsein für unser gemeinsames Menschsein und unsere Liebe für unser gemeinsames Haus hervorgehen, für dieses Mysterium und Wunder. Oder wir bleiben gestrandet an den trostlosen Küsten des Materialismus hängen.

Die Liebe ist wie der Garten der Seele nicht weit weg, nicht versteckt in einem entfernten Wald oder hinter einer Bergkette. Die Liebe ist einfach hier in unseren Herzen wie auch in der Luft um uns herum. Und die Liebe ist der Boden der Freude, das schlichte Wunder von Leben, das ins Dasein kommt. Wir können beides, die Liebe und die Freude, am ehesten bei der Geburt eines Kindes fühlen, diesem essenziellen Segen. Und dann im Lachen der Kinder, wenn wir ihnen beim Spielen zusehen, bevor sie meinen, wie ihre Eltern sein zu müssen und vergessen, bevor das Leben zugedeckt wird, wenn es noch, Moment für Moment, um seiner selbst willen gelebt wird, bevor die Anforderungen des Erwachsenwerdens sich dazwischenschieben. Wenn man genau hinschaut, ist immer etwas Magisches da, etwas, das weder gelehrt noch gelernt werden kann und leider so oft durch Lehren und Lernen verloren geht. Es ist ein Vogel, der gerade singt, und Sonnenlicht auf dem Wasser.

Warum manchen Kindern dieses äußerst kostbare und doch einfache Geschenk der Freude in der Kindheit gegeben wird, während andere es nie erfahren, ist auch ein Geheimnis. Es findet sich vielleicht öfter in einer Mietwohnung als in einer Villa. Ich habe es nie in meiner Kindheit der oberen Mittelschicht kennengelernt, und ich glaube auch nicht, dass meine Eltern wussten, dass es so etwas gibt. Ich musste warten, es über die Augen meiner Kinder zu erfahren, in ihrem Spiel und Lachen diese freudige Magie zu spüren, und dann mit Trauer zuzuschauen, wie sie verschwand, als die Kindheit vorbeiging. Ich glaube, sie gehört zur Liebe, und da, wo die Liebe anwesend ist, blüht sie auf und strömt. Ohne die Liebe gibt es keinen Boden für die Freude. Aber die Liebe kann in so vielerlei Gestalt gegenwärtig sein, deshalb gibt es keine Begrenzung, wo die Freude sich zeigen, wo das Wunder des Lebensfrühlings aufblühen könnte.

Unsere Reise geht jetzt dahin zu erinnern, sich wieder zu verbinden, zu diesem Ort der Liebe und der Freude und der Anfänge zurückzukehren. Dort wird die Zukunft geboren, nicht in irgendeinem Plan oder Projekt, wie wohlmeinend es auch sein mag. Ohne dieses Wunder wird das Leben eine Totgeburt, ohne diese Liebe werden die Tage eher grau sein als von Farben und Entdeckungen erfüllt. Das ist die Schönheit der Erzählung, die uns angeboten wird, etwas, das so einfach ist, so ursprünglich, dass es leicht zu übersehen ist. Doch wenn wir das Lachen und das Staunen von Kindern wieder wachwerden lassen, wenn wir diese Note der Liebe halten und sie in unser Leben bringen können – in unser Kochen, in unsere Freundschaft, in unsere täglichen Begegnungen mit anderen und mit der Erde – dann wird ein Geheimnis zurückkehren. Wir werden dann entdecken, dass wir keine Verbannten mehr sind, dass der Boden unter unseren Füßen heilig ist und wir gehalten, unterstützt und genährt werden vom Leben um uns herum, von unseren Freunden und Gemeinschaften, menschlichen und anders-als-menschlichen. Wir wissen dann wie ein Baum im Wald, dass wir nicht allein sind, sondern Teil eines Gewebes, eines Netzwerks des Lebens, in dem man sich gegenseitig heilt, unterstützt und nährt, wie es schon immer gewesen ist, bis wir beschlossen haben, dass Wettbewerb wichtiger ist als Zusammenarbeit, bevor wir die Ursprünglichen Weisungen vergessen und unseren Weg verloren haben.

III

Wie holen wir eine Geschichte aus den Seiten eines Buchs und bringen sie in unser Leben zurück? Die Geschichten der indigenen Völker gehören zu ihrer oralen Tradition und wurden wieder und wieder erzählt, aber sie sind auch Teil ihrer Lebensweise, ihrer Beziehung zu den Tieren und Pflanzen ihrer Umgebung und zum Geist des Landes, das immer heilig war. Skywoman, Himmelsfrau, verstreute die Samen von allen möglichen Pflanzen, der erste Samen war Süßgras, dessen Duft einem hilft, Dinge zu erinnern, die man vergessen hat, während in der Legende vom Lachs seine jährliche Rückkehr sichergestellt wird, indem man die Lachsgräten zurück in den Fluss wirft. Erzählungen und Rituale werden von Generation zu Generation weitergereicht und prägen Tradition und Lebensform. In ihnen spiegelt sich die lebendige Verbundenheit zum Land, zur Natur. Aber jetzt sterben unsere Kultur und unser Land, weil unsere zentrale Erzählung kein Herz hat und unsere Beziehung zur Erde von Beherrschen statt Zusammenarbeit oder Dankbarkeit bestimmt ist.

Bei unserer Rückkehr zum Anbeginn müssen wir einen Ort finden, wo die Erzählung lebendig werden kann und in unserer eigenen Sprache zu uns spricht. Dann erwacht ihre Magie, und die einfache Kraft einer lebendigen Geschichte kann uns dabei helfen, körperlich und spirituell in Harmonie mit der Erde zu leben. Wir können dadurch zum Bund der Liebe zurückkehren, der Kern unserer gemeinsamen Existenz ist. Dann können wir wieder *gemeinschaftlich mit der Erde* reisen.

Es ist wichtig zu wissen, dass für die frühen Geschichtenerzähler die sichtbare und die unsichtbare Welt, Materie und Geist, nicht getrennt waren. Tiere waren vom Geist erfüllt, Berge, Seen und andere heilige Orte besaßen spirituelle Kraft.

Es gibt viele Orte, an denen man die Anwesenheit der Geistwelt spüren kann – in Hainen mit alten Bäumen oder zwischen den uralten Menhiren. Die Sinne stimmen sich dort leichter auf das Unsichtbare ein, und das Fühlen bekommt Raum gegenüber den Fakten. So ist zum Beispiel eine Pilgerreise eines tibetischen Buddhisten von Ort zu Ort gleichzeitig eine innere visionäre Reise. Es gibt da keinen Unterschied. Wachsein und Traum sind in den ursprünglichen Geschichten ineinander verwoben. Die ursprünglichen Weisungen der Himmelsfrau, die bis heute noch gültig sind, lauten: »Benutze Geschenke und Träume für Gutes.«

Sogar in unserem jetzigen Vergessen lässt sich der Geist hier und da in der Natur fühlen. Ich erinnere mich, wie ich als junger Mann zum ersten Mal einen Tropensturm erlebte, während ich auf einer Insel vor der Küste Papua-Neuguineas war. Zuerst sah ich nur eine Wand dunkler Wolken, die sich am Horizont von der See bis zum Himmel ausdehnte, und dann kam der Wind und bog die Palmen fast bis zum Boden. Schließlich begann der Regen, eine vertikale Wand aus Wasser, der in wenigen Momenten alles durchtränkte. Es war grandios, mächtig, und klatschnass und von Ehrfurcht erfüllt stand ich da. Alle meine Sinne waren erfasst und eingetaucht in diese

Macht. An einem Sommermorgen löst ein in der frühen Sonne von Tauperlen glitzerndes Spinnennetz eine ähnliche Empfindung von überwältigendem Staunen aus, auch wenn es diesmal nur eine kleine, flüchtige und fragile Schönheit ist.

In solchen Momenten ist die Geistwelt sehr da, Ehrfurcht und Staunen ergreifen uns. Leider gehen wir meist vorbei, ohne zu merken, wie unsere Seele berührt worden ist. Doch wenn wir mit diesen Augenblicken »in und außerhalb der Zeit« sein können, werden wir erleben, dass wir in eine Welt gelangt sind, die sich sehr von unserem geschäftigen Leben unterscheidet – wir sind dann zurück auf einer Erde, auf der unsere Vorfahren umhergingen, bevor der Vorhang zwischen den Welten fiel, bevor wir anfingen zu vergessen. Hier gibt es keine Zeit, keine Bilder von Fortschritt, kein Bedürfnis zu besitzen oder anzuhäufen. Stattdessen sind wir gegenwärtig in einem Leben, das unsere Seele wie auch unsere Sinne nährt. Das ist die Geschichte des Ersten Tages, und wenn wir sie halten können und fühlen, wie sie uns erfasst, dann können wir ihr helfen, ins Buch unseres eigenen Lebens einzuziehen.

Dann ist unser Leben nicht mehr nur eine Reise durch die Zeit, sondern eine Pilgerfahrt, die in verschiedenen Dimensionen stattfindet und uns wie der Gang durch das

Labyrinth zurück zum Zentrum führt, zu unserem geheimen Selbst, das darauf wartet, entdeckt und gelebt zu werden. Und wenn wir die Vorstellung des Getrenntseins hinter uns lassen können, werden wir herausfinden, dass unser Geheimnis auch Teil des Geheimnisses der Erde ist, unser Träumen Teil des Mysteriums der Erde. Das ist das reiche Spektrum ineinander verwobener Welten, das zu unserem Erbe gehört, das im Geschichtenerzählen weiter besteht, wo das Land lebendig ist, wo die Tiere sprechen können und Bäume in Kontakt mit uns treten. Bewusstsein ist nicht auf die Menschen beschränkt, sondern gehört zur belebten Welt, die wir alle bevölkern. Die simple Macht der Erzählung vermag uns zu einer lebendigen Erde zurückzubringen, wo »Gott lebendig ist und Magie am Werk«.

Um in die Geschichte vom Ersten Tag zurückzugehen, brauchen wir einen Moment, der uns ergreift, der uns aus den Begrenzungen unseres rationalen Ichs herausholt und in eine vielfarbigere, multidimensionale Wirklichkeit mitnimmt. Es ist unser älterer Geist, der eher mit Bildern als mit Worten arbeitet, der träumt und fluider ist als unser lineares Denken. Kinder leben noch in diesem vor-rationalen Selbst wie auch Künstlerinnen, Dichter und Liebende, und sie helfen, eine Tür offen zu halten für andere, deren Bewusstsein enger ist. Aber wir alle können uns wiederverbinden und erinnern. Daran, wo all unsere Erzählungen begannen.

IV

Da wir uns am Ende einer Ära befinden, einer Zeit des Sterbens, stehen wir deshalb auch an einem Neubeginn. Das ist das Wesen der Zeit, die nicht linear, sondern zyklisch verläuft wie die Jahreszeiten und die Sonne. Während wir beobachten, wie unsere Systeme versagen, haben wir die einfache Wahl, ob wir weiter in diesen Strukturen des Missbrauchs von Mensch und Umwelt bleiben wollen. Oder können wir uns einen anderen Weg zu leben vorstellen, einen der die heilige Natur aller Schöpfung anerkennt? Zeichen für den zweiten Weg finden wir in der Lebensweise der *First Peoples*, in ihrem Wissen von der Erde, aber so viel davon ist schon lange verloren gegangen, zusammen mit ihrer Sprache und ihrem Land, zerstört wie die uralten Wälder.

In unserer westlichen Kultur gibt es kaum noch Spuren von diesem früheren Wissen. Wir haben die Lehren der vorchristlichen heidnischen Welt verloren und stattdessen eine Kultur geerbt, in der die Erde nicht heilig oder magisch ist, sondern ein Ort des Exils aus dem Himmel.[5] Und die Dominanz rationalen Denkens in den letzten Jahrhunderten hat dieses Exil noch vervollständigt. Mythen, Träume und Geschichten haben ihre Kraft verloren. Doch wollen wir den nahenden Winter überleben, müssen wir ihre Numinosität zurückgewinnen, wieder fähig werden, in der symbolischen Landschaft unserer Vorfahren einherzugehen und diese Erfahrung als Samen für die Zukunft zu bewahren.

Diese Geschichte, die ich vom Ersten Tag erzählt habe, ist nur ein Weg, uns an das Verlorene zu erinnern und wie wir vielleicht in den Garten zurückkehren können. Es gibt viele Pfade im Garten der Seele, und es gibt viele Möglichkeiten zum Eingangstor zu gelangen. Wichtig ist, dass wir dieses Werk unseres inneren Selbst würdigen und sehen, wie es ein Fundament für künftige Generationen legen kann. Tun wir diese Arbeit des Erinnerns und des Wiederverbindens, werden die Kinder unserer Kindeskinder Zeichen finden, die sie brauchen, um eine neue Zivilisation zu erschaffen, die kein Exil mehr ist, sondern ein Ort der Zugehörigkeit. Und wenn sie aus der Liebe heraus ins Leben findet, wird das Herz der

Welt vielleicht zu singen beginnen, und Frühling kann wieder ins Land kommen.

FÄDEN
DER
LIEBE

3

FÄDEN DER LIEBE

Vor kurzem wachte ich aus einem Traum auf, in dem ich ein kurzes Gedicht verfasste und auf eine Postkarte schrieb:

> Gern würde ich sagen, ich lebe im stillen Zentrum
>   der sich drehenden Welt,
> meditiere von Anbruch des Tages bis
>   zum Sonnenuntergang
> und bete die ganze Nacht hindurch.
> Leichten Fußes wandere ich über
>   die hohen Bergpässe.
> Doch hier, wo ich am Rand der Welt lebe,
>   ist es nicht so.

Dieses Gedicht bringt mich dazu, ein wenig von den Fäden zu erzählen, die in mein Leben eingewoben worden sind, und von der Landschaft, in der ich jetzt lebe.

Der erste Faden hatte seinen Anfang vor fast einem halben Jahrhundert mit dem, was man traditionell seine Geburt oder zweite Geburt nennt, als ich zum ersten Mal meine Lehrerin traf, eine ältere, aus Russland stammende Frau, mit weißen, zu einem Knoten zusammengebundenen Haaren. Ein Blick aus ihren durchdringenden blauen Augen gab mir bis in den Körper hinein das Gefühl, zu einem Staubkorn auf dem Boden vor ihr zu werden. Das geschah viele Jahre, bevor ich begriff, dass dies ein Vorgeschmack vom Pfad war, vom Prozess der Vernichtung des Egos oder falschen Selbst. Wie es im *Ramayana* heißt: »weniger als Staub auf den Lotusfüßen deines Gurus.«

Irina Tweedie war gerade aus Indien zurückgekehrt, wo sie von einem Sufi-Meister geschult worden war. Sie hatte in seinem Garten in Nord-Indien gesessen, die wurzellose Wurzel suchend, den grundlosen Grund, und, wie sie sagte: »Ich hatte gehofft, in Yoga unterwiesen zu werden und erwartet, wunderbare Dinge zu hören, doch was stattdessen geschah, war, dass mein Lehrer mich hauptsächlich dazu zwang, mich mit der Dunkelheit in mir auseinander zu setzen, und das brachte mich fast um.« Er wendete auch ihr Herz und erweckte sie zur göttlichen Liebe und zur Reise der Seele. Denn, wie er sagte: »Wir sind einfache Leute. Aber wir sind fähig, das Herz eines Menschen so zu wenden, dass dieser immer weiter gehen wird, weiter und weiter, bis dahin, wo es sich niemand vorstellen kann.«

Viele Jahre lang saß ich in ihrem kleinen Zimmer in Nord-London, dicht bei den Bahnschienen. Wenn ich in ihre Augen sah, *wusste ich, dass sie wusste,* und ich wollte diese unmittelbare Erfahrung haben, dieses Namenlose und Unnennbare. Ich erinnere mich nicht mehr viel an das, was gesagt wurde, außer dass sie über ihren Lehrer sprach, von dem Licht in seinen Augen und die Wunder, die um ihn herum geschahen. Und in diesem kleinen Raum war die unsichtbare Präsenz ihres Gurus und all der Meister des Pfads, jener großen Wesen, die vor uns gegangen sind und auf uns schauen.

In der Gegenwart des Lehrers oder der Lehrerin zu sitzen, was man *satsang* nennt, wurde in meine Seele eingeprägt. Das ist die Lehre, die von Herz zu Herz, von Seele zu Seele weitergegeben wird. Ich machte viele Erfahrungen göttlicher Liebe und der Sehnsucht, der Leidenschaft, die die Seele entflammt, und des Feuers, das alles wegbrennt, was uns zudeckt. Drei Jahre, nachdem ich ihr begegnet war, hatte ich an einem Sommernachmittag die intensivste Erfahrung meines Lebens, als ich das zeitlose Licht und den grenzenlosen Raum des SELBST bewusst erfuhr. Für Monate war ich verwirrt, hatte keine Ahnung, wer ich war, noch wo ich mich befand. Aber hier waren Seligkeit und Weiten des Gebets. Tage und Nächte saß ich am selben Platz, denn wo ich war, gab es weder Zeit noch Raum. Mein Verstand, mein individuelles Bewusstsein, war phasenweise gänzlich verloren gegangen. Es brauchte viele Jahre, um zu lernen, völlig von diesem spirituellen Zentrum des Bewusstseins aus zu leben, doch etwas Neues war in mein Wesen hineingeboren worden.

Es folgten andere Erfahrungen, solche, die zur traditionellen Sufi-Reise durch die Kammern des Herzens gehören. So wie wir einen physischen Körper haben, haben wir auch einen spirituellen Körper, wie zum Beispiel im indischen Chakren-System dargestellt. Vor über tausend Jahren entdeckten Sufi-Meister, dass in unserem spirituellen Herzen oder Herz-Chakra verschiedene Kammern oder *latâif* sind, und sie führten ihre Schüler durch diese Kammern. Für die Wanderer auf dem Sufi-Pfad, sie werden auch die Narren Gottes genannt, ist die spirituelle Reise ein Liebeserlebnis, das sich im Herzen vollzieht.

Von der äußeren Welt der Sinne, vom Verstand und Ego fort werden wir durch die Liebe und die Sehnsucht nach innen gezogen, in das Mysterium dessen, was es wirklich bedeutet, ein Mensch zu sein. Es ist eine Reise nach Hause, zurück zu Gott, den die Sufis als den Geliebten bezeichnen. Die dritte Kammer des Herzens, manchmal das Herz der Herzen genannt, heißt auch *Geheimnis* oder *Sirr*. *Sirr* bedeutet also Geheimnis, und für die Sufis ist es das größte Geheimnis der Schöpfung, dass wir eins sind mit Gott. Unser Geliebter, nach Dem wir uns so sehr gesehnt haben, ist in solcher Intimität in unserem Herzen, dass es dort keine zwei mehr gibt, sondern nur einen. Wir sind mit unserem Geliebten in völligem Einssein. An dieser Stelle erfüllt sich die Liebesgeschichte, eine wirkliche Erfüllung, die in jedem Atemzug in uns lebt – sie ist intim, sie ist Einssein und sie ist Liebe. Sie ist so zärtlich; unser Geliebter ist unser Freund, unser Gefährte, unser Liebhaber, Der immer mit uns ist. Auch wenn wir uns allein gelassen fühlen, ist unser Geliebter doch bei uns. Es ist ein Begegnen, ein Verschmelzen von Liebenden, wie wir sie in der sexuellen Vereinigung herbeisehnen, in der wir uns völlig vergessen:

Wir sterben und sind in Liebe aufgelöst. Und doch lässt die Intensität und Süße dieses inneren Zusammenkommens sexuelle Intimität schal erscheinen. Es ist keine Begegnung von Körpern, sondern das Verschmelzen im Herzen, in der Substanz unserer Seele, die süße selige Wonne, die den Körper durchströmt und jede Zelle in dieser intimen Liebesgeschichte mit Leben erfüllt.

Dieses innere Geheimnis des Einsseins spiegelt sich dann in der äußeren Welt, die auch zu einem Ort des göttlichen Einsseins wird. Wir beginnen zu erfahren, wie alles Teil dieses lebendigen Gewebes der Einheit ist. Das ist ähnlich wie die Erfahrung von *satori*, wenn wir für einen Augenblick das Leben sehen, wie es wirklich ist, ohne Urteil oder Erwartung, wie es sich in Zen-Haikus ausgedrückt findet, zum Beispiel in dem berühmten Gedicht von Basho:

Der alte Teich,
ein Frosch springt hinein,
platsch.

Alles ist in seiner wahren Essenz gegenwärtig, was die Buddhisten Sosein nennen. Die Sufi-Erfahrung unterscheidet sich davon durch das Element der Liebe, alles wird als ein Ausdruck der Liebe gefühlt, das Leben ist eine göttliche Liebesgeschichte – »tritt aus dem Kreis der Zeit und in den Kreis der Liebe.« Wir leben von diesem Ort des göttlichen Einsseins im Herzen und im Bewusstsein der Welt aus, an dem wir die Nähe mit Gott erfahren und unser wahres SELBST entdecken, unsere göttliche Wesensart, und durch den wir imstande sind, die Dinge zu sehen, wie sie wirklich sind. Wir verbinden uns wieder mit dem Einssein des Lebens, der Einheit des Seins, die aller Existenz zugrunde liegt.

Und dann gibt es noch zwei weitere Kammern: die verborgene und die allerverborgenste. Die mystische Reise führt uns in die ursprüngliche Leere, welche vor und nach der Schöpfung ist. Dies ist eine so vollständige Auslöschung, dass nichts übrigbleibt, keine Wahrnehmung des SELBST, kein Bewusstsein des Einsseins, nichts. Es ist, als würde man in ein schwarzes Loch eingesogen, das alles nimmt, sogar unser Licht. Rumi drückt das so aus:

> Du bist ein ortloses Feuer,
> in dem alle Orte verbrennen,

ein Strudel des Nirgendwo
zieht mich tiefer und tiefer.[6]

Das ist die Leere, die alles umfasst und durchdringt, die ursprüngliche Dunkelheit, welche vor und nach der Schöpfung ist. Das ist die wahre Heimat der Mystikerinnen und Mystiker, die Zustände des Nichtseins, »die dunkle Stille, in der sich alle Liebenden verlieren«, wo man die völlige Freiheit der Nichtexistenz schmecken kann und das einzige Wissen darin besteht, dass niemand mehr übrig ist, um zu wissen. Und dann entsteht etwas aus dieser Leere, in der alles verloren geht, etwas wird zu einem ferneren Ufer, sogar jenseits von Wissen und Nichtwissen, gebracht. Wer oder was in diese andere Landschaft gezogen wird, lässt sich schwer beschreiben, nicht einmal mit den Worten der Liebe. Dies ist das Land der WAHRHEIT, dessen, was WIRKLICH ist, was am gewöhnlichsten ist und am verborgensten.

Dies ist die traditionelle Reise, die sich zu Füßen meiner Lehrerin in tiefen Zuständen der Meditation vollzog. Äußerlich führte ich ein einfaches Leben, ging ans College und wurde High-School-Lehrer für Englisch, unterrichtete Shakespeare und Lyrik, verliebte mich, heiratete und zog Kinder auf.

Aber meine innere Aufmerksamkeit war immer absorbiert, und am Abend, wenn meine Frau nach der Gute-Nacht-Geschichte für meine Tochter eingeschlafen war, drehte ich mich in meinem Zimmer zur Wand und verschmolz im Herzen.

Aber das war eine einfachere, harmlosere Zeit als die Welt heute. Es gab kein Internet und keine sozialen Medien. Das war lange vor der seltsamen verzerrten Welt von Zoom, wo Pixel vorgeben Menschen zu sein. Die Leute fanden ihren Weg zum Lehrer über mündliche Empfehlung oder zufällige Begegnungen, wie es Jahrhundert lang der Fall gewesen war. Vom Klimawandel war noch nicht viel bekannt, die Wiesen hatten noch Wildblumen und die Meere waren noch nicht mit Plastik angefüllt. Die äußeren Dramen der Welt hatten kaum Auswirkungen auf den Raum, in dem ich mit meiner Lehrerin saß, so, wie sie mit ihrem Lehrer in seinem Garten voller Gerüche und Geräusche Indiens gesessen, und wie er wiederum mit seinem Lehrer, seinem verehrten Guru Maharaj, gesessen hatte. Ihr Zimmer war voll von anderen unsichtbaren Welten und den Geheimnissen des Herzens.

Die spirituelle Praxis bringt uns zu unserem innersten Wesen, zum Bewusstsein des SELBST, was auch ein Seinszustand ist. Hier finden wir den Frieden und die Liebe unserer göttlichen Natur und schmecken die Seligkeit, die unserer Seele eigen ist. Haben wir die Schleier der Illusion überwunden, die uns einhüllen, ruhen wir traditionell in dieser zeitlosen Wirklichkeit und sind wach für den Augenblick und unserer Verbindung mit der sichtbaren und unsichtbaren Welt gewahr. Äußerst einfach und gewöhnlich ist es auch ein verborgenes Geheimnis, das zum Urgeheimnis des Lebens gehört. Jetzt, nach einer lebenslangen spirituellen Reise, sind es diese Zustände, die mich rufen, auch erinnere ich mich an frühere im Kloster oder in einer kleinen Hütte an einem Bergbach verbrachte Leben. Wenn ich im Garten sitze und die Streifenhörnchen beobachte, wie sie nach den aus der Vogelfuttersäule gefallenen Samen umherhuschen, oder die Patchworkdecke aus Blüten betrachte, wie sie sich mit den Jahreszeiten verändert, kann ich die essenzielle Stille fühlen, die alles umgibt und durchtränkt. Doch auch hier, wo die Geister des Gartens so glücklich sind und die Abendluft süß von Geißblatt und Jasmin ist, vermag ich nicht der Toxizität dieser gegenwärtigen Zeit zu entfliehen.

Das ist, was ich in den wenigen Zeilen zu Beginn ausgedrückt habe:

Gern würde ich sagen, ich lebe im stillen Zentrum
    der sich drehenden Welt,
meditiere von Anbruch des Tages bis
    zum Sonnenuntergang
und bete die ganze Nacht hindurch.
Leichten Fußes wandere ich über
    die hohen Bergpässe.
Doch hier, wo ich am Rand der Welt lebe,
    ist es nicht so.

Über die Jahre hat sich unsere Welt verändert, ist eine brutalere, zerbrochene Welt geworden voller Verschwörungstheorien und Verzerrungen durch die sozialen Medien, bedroht durch die Klimakrise und die sehr reale Möglichkeit des sozialen Zusammenbruchs. Die Pandemie hat gezeigt, wie fragil unsere globalen Systeme sind, wie leicht sie durch den Lufthauch eines Virus umgeblasen werden. Wieder einmal leiden die Ärmsten am meisten, und die ethnische und gesellschaftliche Ungerechtigkeit wird augenfällig in den wachsenden Menschenschlangen an den Tafeln und den Klimaflüchtlingen. Sogar hier, wo ich lebe, »am Rand der Welt«, in einem kleinen Ort am Pazifik, ist die Klimaveränderung nur zu gegenwärtig in den ausgedehnten Feuern, die wochenlang unten die Straße entlang brannten.

Welche Rolle hat das spirituelle Bewusstsein in dieser Zeit des Übergangs zu spielen, wo die jungen Leute um ihre Zukunft schreien, die ihnen gestohlen wird? Können innere Erfahrungen der Liebe und des Einsseins als Katalysator für einen echten Wandel dienen? Durch Meditation und Beten erworbene Erfahrungen, die uns zum Erkennen unseres höheren Selbst bringen, können neue Fäden in den Teppich des Lebens weben.

Es gibt viel Arbeit in der äußeren Welt zu tun: die CO_2-Emissionen senken, Bäume pflanzen, Feuchtgebiete renaturieren, auf erneuerbare Energien setzen, unsere Ernährung zu weniger Fleisch- und Milchverbrauch hin ändern und an Modellen für eine Postwachstumsökonomie arbeiten, die unsere gegenwärtige soziale und ethnische Ungleichheit heilen kann. Aber ich glaube, dass unser spirituelles Bewusstsein eine Schlüsselrolle auf unserer Reise zusammen mit der Erde einnimmt. Ich bewundere sehr den Engagierten Buddhismus von Thich Nhat Hanh, der betont: »Wirkliche Veränderung wird nur stattfinden, wenn wir uns in unseren Planeten verlieben. Nur die Liebe vermag uns zu zeigen, wie wir in Harmonie mit der Natur und miteinander leben und uns vor den verheerenden Auswirkungen durch die Umweltzerstörung und den Klimawandel bewahren können.« In *Liebesbrief an die Erde* schreibt er:

»Jeden Morgen, nachdem ich aufgewacht bin und mich angezogen habe, verlasse ich meine Hütte für einen Spaziergang. Meist ist der Himmel noch dunkel und ich gehe behutsam, gewahr der Natur um mich herum und der verblassenden Sterne. Einmal kehrte ich von meinem Gang zu meiner Hütte zurück und schrieb diesen Satz: ›Ich bin verliebt in Mutter Erde.‹ Ich war so erregt wie ein junger Mann, der sich gerade verliebt hat. Mein Herz schlug vor Aufregung.«[7]

Ist es zu idealistisch zu glauben, dass die Liebe eine essenzielle Eigenschaft ist, das einzig Nötige, damit diese Arbeit lebendig wird? Als Mystiker und Sufi habe ich die Liebe als die zentrale, der gesamten Schöpfung zugrunde liegende Energie erfahren:

Eines Nachts sah ich die ganze Schöpfung wie einen Samen, wie einen kleinen runden Gegenstand. Alles – all die Meere und Sterne, all die Bäume und Menschen und Verheißungen und Träume – waren in diesem kleinen runden Objekt enthalten. Alles, was existierte, war da. In vielerlei Hinsicht wiederholte meine Vision die Erfahrung von Juliana von Norwich, der Anachoretin aus dem 14. Jahrhundert:

»Und da ließ Er mich ein kleines Ding schauen in der Größe einer Haselnuss, das in meiner Hand lag, und es war rund wie eine Kugel. Ich blickte es an und dachte: ›Was mag dies wohl sein?‹ Und mir wurde die Antwort zuteil: ›Es ist alles, was erschaffen wurde.‹ Und ich staunte, wie es bestehen könnte. Und es wurde mir geantwortet: ›Es besteht jetzt und immerdar, weil Gott es liebt. Und so haben alle Dinge durch Gottes Liebe ihr Sein.‹«[8]

In meiner Erfahrung war ich mit Gott und erfuhr die Welt als kleinen Punkt, der die ganze Schöpfung enthielt, all die Vögel, die Schmetterlinge, die Pflanzen, die Menschen. Dann sah ich all die Sterne, die Galaxien in einem Energiefeld der Liebe aus Gott herausströmen. Ein endloses, nie abnehmendes Ergießen.

In den letzten Jahren erkannte ich, dass wir Kinder einer Zivilisation sind, die ihren Weg verloren hat, die finanziellen Profit über Wohlergehen stellt und krankhaft ihr Ökosystem zerstört. Und solange wir nicht unseren Weg zurück zur Liebe finden, zur Liebe und Fürsorge füreinander und für die Erde – in dem Wissen, dass wir alle Teil einer Gemeinschaft sind –, werden alle unsere Bemühungen die Welt nicht ins Gleichgewicht bringen. Jene von uns, die durch die Risse unserer gegenwärtigen Zivilisation geblickt haben, wissen, dass sie stirbt, dass die Geschichten von »grünem Wirtschaftswachstum« nichts weiter als Fantasiegebilde sind – ist doch unser derzeitiger Lebensstil schlicht unhaltbar. Wir brauchen eine neue Geschichte, eine Geschichte, die uns mit der Erde und ihrer heiligen Natur wiederverbindet und die darum weiß, dass wir alle miteinander verbunden sind. Und die Liebe ist diese ursprüngliche Verbindung.

Ich laufe gern sehr früh am Morgen und bin dann meist allein am Strand, der Ozean, die Vögel, die winzigen vor und zurück rennenden, die Wellen jagenden Sanderlinge als meine einzigen Begleiter. An manchen Tagen erschafft die über den Landspitzen aufgehende Sonne einen Pfad aus goldenem Licht zur Küste. Ich versuche meinen Geist frei zu machen und in die Landschaft einzutauchen, was ich als tiefenökologisches Bewusstseins bezeichne, bin dann eins mit der Erde und fühle meine Liebe für dieses wunderschöne, so verletzte Wesen wie auch eine große Trauer darüber, wie wir ihr zartes Netz zerreißen.

Heute war der Nebel dicht, und ich konnte gerade noch in einiger Entfernung zwei Gestalten erkennen, die gleich darauf im Dunst verschwanden, zwei Reihen Fußspuren im Sand hinterlassend, bis die auflaufende Flut sie fortspülte. Das brachte mich zu der Frage, was in hundert Jahren noch da sein wird, wenn die Enkelkinder meiner Enkelkinder leben? Wird der steigende Meeresspiegel die Dünen überspült haben? Die Klimakrise wird bis dahin zum ständigen Begleiter geworden sein, und viele der heutigen Dramen werden sich in einem weitaus größeren Szenarium grundlegender Veränderungen aufgelöst haben. Was sind die Fäden, denen wir in dieser unsicheren Landschaft folgen können? Wie können wir in der Gegenwart leben und uns doch für eine unbekannte Zukunft bis in sieben Generationen und mehr vorbereiten, kreativer teilhaben und sowohl die Heilung als auch die Neugeburt ermöglichen?

In dieser jetzigen Zeit des großen Auflösens lassen sich viele Fäden verfolgen, Degrowth und Reziprozität, soziale Gerechtigkeit und Resilienz, Renaturierung, Agrarökologie sind nur einige der Möglichkeiten für die Zukunft. Wie diese Fäden in eine neue Szenerie für die Menschheit eingewoben werden können, wird das große Abenteuer der kommenden

Jahrzehnte sein, Teil der Großen Wende, wenn wir zu einer Leben erhaltenden Zivilisation umkehren – einer, die nicht auf Kolonialisierung und Ausbeutung basiert, sondern auf der Beziehung zur lebendigen Erde.

Doch zentral in dieser gegenwärtigen Tragödie ist, dass wir die Verbindung zur Erde verloren haben. Durch unsere Herzen und durch unsere Füße können wir wieder fühlen, was unsere Kultur vergessen hat: Ihre heilige Natur. Beobachte ich den Flug der Pelikane, wie sie über den Schaum der Wellen dahinjagen, ihre Flügelspitzen fast das Wasser streifend, erfahre ich das als etwas, das im Augenblick gegenwärtig, zugleich aber auch tief innen verbunden ist mit unseren uralten ererbten Erinnerungen, mit Generationen von Vorfahren, die in Gemeinschaft mit der Erde lebten, was Thich Nhat Hanh »Intersein« nennt.

Es gab eine Zeit, da sprachen wir dieselbe Sprache, wussten, wie man dem Wind lauscht und dem Regen, waren Teil des Laufs Ihrer Jahreszeiten. Und jetzt brauchen wir Ihr altes Wissen, wenn wir zusammen in diese ungewisse Zukunft gehen wollen, im Sonnenlicht wie auch im Mondschein, in der Welt der Vernunft und der Welt des Träumens. Diese Art des Wissens wurde früher um das Feuer geteilt, in Geschichten erzählt und von Generation zu Generation weitergegeben. Das war so natürlich wie das Atmen, man musste sich nicht erinnern, denn es wurde nie vergessen. Wie kann man den Wind im Gesicht oder den Gesang der Vögel vergessen? Wie das Steigen und Fallen des Wassers bei Ebbe und Flut? Das waren keine in Büchern aufgeschriebenen Geschichten, sondern sie wurden von Tagesanbruch bis zur Dämmerung gelebt, bis die Traumzeit andere Fäden in den Schein des Feuers webte.

Bis wir vergaßen, waren wir immer wach in einer vieldimensionalen Welt, die ein tiefes Gefühl der Zugehörigkeit vermittelte, ein Zuhause-Sein, das wir mit den Pflanzen im Garten und den Tieren im Wald teilten. Es war eine Zeit, als die Bäume noch Geister waren und nicht nur Nutzholz. Neulich, morgens, als ich zeitig unterwegs war, sah ich ein Pärchen Waschbären verstohlen über den Rasen der Nachbarn laufen, und ich konnte unsere Verwandtschaft spüren, genau wie bei dem Fuchs, den ich schlafend auf einem runden Felsstein bei unserem Blumenbeet entdeckte. Diese Anwesenheit des Lebendigen spricht mich an, erinnert mich. Ich fühle, dass es genau diese Landschaft ist, die wir brauchen, damit sie uns auf Weisen unterstützt, die unser rationales Selbst nicht versteht, unser älteres Bewusstsein jedoch willkommen heißt.

Unsere gegenwärtige Erzählung ist zerbrochen, ihr Mythos von Fortschritt und endlosem Wirtschaftswachstum hat den Ökozid heraufbeschworen. Die Natur in ihrer Schönheit wie auch ihrer Gewalt ruft uns, umzukehren und wieder an der »Großen Unterhaltung« teilzunehmen, in der noch Wind und Sterne mit uns sprechen. Während wir diese Grenzlandschaft zwischen den Erzählungen, zwischen den Zivilisationen durchreisen und die tiefe Unsicherheit einer sich auflösenden Zivilisation erfahren, brauchen wir das Gefühl der Zugehörigkeit, nicht zu einer politischen Ideologie, einer Ethnie, einer Nation, einer Verschwörungstheorie, sondern zu einer lebendigen Präsenz, die uns durch Tausende von Jahren gehalten hat, auch damals schon, als wir in kleinen Gruppen von Jägern und Sammlern umherzogen und noch dieselbe Sprache sprachen wie die Pflanzen und Tiere. Damals waren wir wach mit all unseren Sinnen und standen durch Zeremonien und Träume im Austausch mit den sichtbaren und unsichtbaren Welten, lange bevor wir das Land »besiedelten« und dann vergaßen, dass es heilig ist.

Hier, am Rand der Welt, beobachte ich die Wellen. Und ich erinnere mich, wie ich vor einem halben Jahrhundert in dem kleinen Zimmer meiner Lehrerin in Nord-London saß und zum ersten Mal an diesem Ort der Wunder deutlich die unsichtbaren Welten und die Gegenwart spiritueller Meister spürte. Ich frage mich, wie wir unser spirituelles Erbe so vergessen konnten, diese Meister und Lichtwesen, die hier sind, um uns und der Erde zu helfen, die uns unterstützen, die Samen für eine neue Zivilisation auszubringen, für eine Zivilisation, die aus der Liebe und der Einheit entsteht und die Verbindung zur lebendigen Erde ehrt. Ich weiß, dass wir zu dem zurückkehren müssen, was essenziell ist, auch wenn wir diese Samen mit unseren Tränen darüber wässern, wie wir die Erde preisgegeben haben. Ich weiß, dass die spirituelle Suche nicht etwas vom Leben Getrenntes ist, sondern eingewoben in die Ursprünglichen Weisungen, die den ersten Weisheitshütern gegeben wurden. Meditation, Gebet, die Geheimnisse des Herzens und die Wunder der Schöpfung, ihre Schönheit, ihre Weisheit sind alle Teil des großen Lebensteppichs, der sich bis zu den Sternen und darüber hinaus erstreckt. Und jene von uns, die der Liebe angehören, die Sorge tragen für die Erde, können beginnen, einen neuen Faden in diesen Teppich zu weben, der die Farben der nächsten Ära trägt, die nicht die einer zerstörten Welt voller Gier und Ausbeutung ist, sondern der Erdmagie, die wieder lebendig wird wie am Ersten Tag.

Und vielleicht wird sich eines Tages, weit in der Zukunft, das Herz der Welt öffnen und anfangen zu singen, wie es für unsere Vorfahren vor langer Zeit gesungen hat. Und in diesem Lied werden wir erfahren, wie alle Pflanzen und Tiere, Berge und Flüsse, Vögel und Schmetterlinge ihre eigene Magie, ihre eigene Botschaft haben und wie alles zu dem lebendigen Teppich göttlicher Liebe gehört.

EIN
VERBORGENER
PFAD

4

EIN VERBORGENER PFAD

Eine grundlegende spirituelle Lehre lautet, im gegenwärtigen Augenblick zu leben, im Jetzt. Statt in unseren Gedankenmustern gefangen zu sein, für die Zukunft zu planen oder den Erinnerungen der Vergangenheit nachzuhängen, sind wir in der Intensität eines jeden Moments gegenwärtig. Auf diese Weise sind wir viel lebendiger. Das Bewusstsein für den Atem kann uns unterstützen, wach für jeden Augenblick zu bleiben. Wenn wir beobachten, wie der Atem kommt und geht, wie er sich hebt und senkt, sind wir immer im Moment. Meditationspraktiken sind auch eine gute Hilfe, uns aus dem unaufhörlichen Geplapper der Gedanken zu befreien und eingestimmt auf diesen lebendigen Moment zu sein, wo der Duft der Rose in ihrer

Schönheit und ihrem Wunder ganz und gar Gegenwart ist und die Süße einer Erdbeere immer wie zum ersten Mal schmeckt.

Diese Übung führt zu der Einfachheit von dem, was *ist*, wie zu dem Moment im Zen, dem *satori*, in dem der leere Geist ein klarer Spiegel für alles ist, was uns umgibt – die Spinne, die ihr Netz webt, die Schreie der Wildgänse. Hier ist die Erfahrung dann leuchtend und flüchtig, eine Welt der Tautropfen.

Meine eigene Erfahrung hat mich dahin gebracht zu entdecken, dass das, was aus diesem lebendigen Augenblick geboren wird eine völlig andere Bewusstseinsqualität besitzt als die der Anforderungen und der Starre des rationalen Bewusstseins. Zu Füßen meiner Lehrerin sitzend erfuhr ich, wie jeder Augenblick nicht nur die sinnliche Wahrnehmung der uns umgebenden Welt ist, sondern auch die Zusammenkunft der inneren und der äußeren Welt, wo »die Welt des Geheimnisses«, wie die Sufis sie nennen, die physische Welt der Sinne durchdringt. Dieses Zusammentreffen ist es, was jeden Augenblick völlig lebendig und auf unerwartete Weise numinos werden lässt. Hier werden die Träume geboren und die Liebe kommt in die Welt. Hier werden wir uns bewusst, dass alles, was wir sehen und berühren können, heilig ist.

Nur im Augenblick ist die ewige Dimension der Seele gegenwärtig, und auch die Liebe kann nur im Augenblick erfahren werden. Wie Rumi sagt: »Tritt aus dem Kreis der Zeit und in den Kreis der Liebe.« Die Liebe gehört nicht dem Raum der Zeit an, deshalb ist sie immer für ewig. Das wahre Dienen kann nur gelebt werden, wenn man völlig wach für die Bedürfnisse des Augenblicks ist. Nur im Augenblick kann man in vollem Umfang am Leben teilnehmen. Hier, im Augenblick, geschieht es, dass die Geschichten der Zukunft geschrieben werden können, oder wie mein Sufi-Shaikh sagte: »Wir alle arbeiten für die Zukunft ... aber nur der Augenblick des Jetzt ist entscheidend.«

Der Augenblick leugnet nicht die Vergangenheit und lehnt auch nicht die Zukunft ab. Jeder Moment enthält beides, aber auf eine Art, die nicht fest ist, die uns nicht einsperrt. Allein im gegenwärtigen Augenblick kann man die Muster beobachten, die die Zeit gewoben hat und darauf wartet, sie zu weben – wie die Jahreszeiten und das Strömen eines Flusses. In der zeitlosen Gegenwart gibt es viele Samen für eine Zukunft, die sich ereignen will, so wie es Geschichten aus der Vergangenheit gibt. Manchmal wird die Gegenwart von einem leeren Geist erfahren, manchmal bietet sie reiche Möglichkeiten. Die

Vergangenheit enthält Erinnerungen der Seele, die wir brauchen, so wie die Zukunft uns zu noch nicht gelebten Träumen hinzieht. In jedem Moment liegen viele Möglichkeiten, was ich die Fäden der Liebe genannt habe, denen wir folgen können. Leider sind die meisten Leute aufgrund ihrer Denkmuster und Konditionierungen zu engstirnig, diese Fäden zu erhaschen und sich ihrer Möglichkeiten voll bewusst zu werden. Doch jene, die auf dieser Schwelle des Bewusstseins leben, können spüren, dass andere Geschichten gelebt werden wollen. In dieser Zeit unseres gemeinsamen Schicksals ist es von zunehmender Bedeutung, wach für diese Möglichkeiten zu sein und den nahezu verborgenen Pfaden zu folgen.

Nachstehend versuche ich diesen verborgenen Pfad zu beschreiben und welche Eigenschaft von Bewusstsein es braucht, ihm zu folgen. Und warum das so wichtig ist …

EIN VERBORGENER PFAD

Die Jahreszeiten vergehen wie Blätter, die sich von Knospen zu einem Grün, zu einem Golden und dann zu einem Braun wandeln. Hier an der Küste ist der Sommer die Zeit für den

Nebel, manchmal bricht sich die Sonne im Verlauf des Vormittags ihren Weg. Die Kitze sind noch klein und gefleckt und wagen sich mit ihren Müttern zaghaft vorwärts, während die Wachteln sorgsam ihre Kleinen beschützen. Diese einfachen Dinge machen Sinn, so wie die Reiher zu hören, wie sie in den Stunden vor der Morgendämmerung einander zurufen. Jenseits unserer kleinen Ortschaft scheint die Welt immer finsterer zu werden, der Krieg, der Klimawandel und die Schatten der sozialen Medien, Zwietracht, nicht mehr nur Streitigkeiten zwischen Nachbarn, sondern tiefe Gespaltenheit. Mein Gefühl, dass dies nicht immer so gewesen ist, entspringt nicht allein der Nostalgie eines alten Mannes, sondern den zunehmenden Brüchen in einer kaputten Welt. Das Ergebnis unserer Brutalität gegenüber der Natur und die Schatten ethnischer und sozialer Ungerechtigkeit.

Mit dem Älterwerden treibt mich nichts mehr vorwärts, vielmehr beobachte ich den Wechsel der Gezeiten und die Weise, wie sich die Welt verändert. Ich habe das starke Gefühl, dass es einen Weg durch diese sich verfinsternden Tage gibt, einen Pfad, der zur Liebe und unserem tiefsten Menschsein gehört. Aber ich ahne auch, dass nur wenige ihm folgen werden, da er beinahe unsichtbar ist, ähnlich einem unmarkierten Pfad durch eine Wiese voller Wildblumen. Es gibt ein Tor, doch es ist zerbrochen und überwachsen, fast ein Teil einer Hecke. Man findet es nicht auf Twitter oder TikTok, aber es gehört zu alten Geschichten. Manchmal magst du es im Morgengrauen oder in der Abenddämmerung, im Moment des Zwielichts, klar erkennen, aber der Lärm und das Geschrei des Tages verdecken es.

Der Weg führt uns aus der derzeitigen giftigen Atmosphäre, fort von den zunehmenden Mustern der Zwietracht. Er spricht die Sprache der Seele – die Sprache unserer Träume und des Gefühls der Zugehörigkeit. Er ist wie ein Gedicht in einer Welt der Prosa, eine Farbe vom Rand des Regenbogens. Er löst nicht die Probleme unserer Gegenwart wie die Verringerung des CO2-Ausstoßes oder das Ende der fossilen Energien. Träume sind nicht von der Art. Vielmehr verbinden sie uns mit einer anderen Geschichte, eine, die einer fernen Zukunft angehört und einer vergessenen Vergangenheit.

Man muss verstehen, dass dies nicht immer so gewesen ist, nicht immer eine Zeit der Eroberungen und des Warenverkehrs. Es gab eine Zeit, als die Farben in der Luft sangen und wir wussten, wohin wir gehörten. Und unsere Herzen tragen diese Erinnerung in sich, auch wenn unser kleiner Geist es längst vergessen hat, auch wenn unsere Erinnerungen keinen Ort für eine andere Daseinsweise haben. Hoffentlich werden ein paar Menschen – es braucht immer nur wenige – diesen Pfad finden, durch das zerbrochene Tor gehen und über die Wildblumenwiese wandern. Dann werden sie anfangen sich zu erinnern, sich wieder mit dieser größeren Weisheit der Erde und ihrer eigenen Seele verbinden. Sie werden immer mehr einen flüchtigen Blick auf eine Zukunft werfen können, die nicht zerstört ist, und einen Weg erkennen, in diese Zukunft zu gehen.

Jetzt ist nicht die Zeit für Pläne oder Strategien, obwohl wir in unserer heutigen Denkweise nichts anderes kennen. Wir können es uns nicht leisten, uns auf irgendwelche Ideologien, Träume von einer grünen Zukunft oder den Mythos vom nachhaltigen Wachstum festzulegen. Leider entstammen diese »Lösungen« derselben Mentalität, die dieses »Problem« erzeugt hat. Wir wagen es nicht, uns klarzumachen, dass uns keine Lösung retten und unsere zerbrochene Welt reparieren wird, die wir uns geschaffen haben. Wenn eine Ära zu Ende geht, wenn eine Zivilisation stirbt, wenn ihre Lebensweise untragbar geworden ist, geht es nicht um ein Problem, das gelöst werden muss. Stattdessen müssen wir wieder eine

Qualität der Aufmerksamkeit lernen, eine Weise des Zuhörens, des Fühlens. Wir müssen eine andere Sprache lernen.

Diese Denkweise ist fluider als unser rationales Bewusstsein, eher holistisch als linear, eine Art, sich zu erinnern statt zu wissen. Es gab eine Zeit, ganz am Anfang, da sprachen wir dieselbe Sprache wie die uns umgebende Welt – die Vögel und die Tiere, auch die Flüsse und die Winde. Da waren wir Teil »der Großen Unterhaltung« und aufmerksam für eine durch und durch beseelte Welt, zu der wir gehörten. Da waren wir mit den Baumgeistern verwandt und unsere Träume waren mit dem Land verwoben. Wir mögen viele der uralten Wälder abgeholzt haben, die Wiesen vergiftet, wo einst die Vögel gediehen und Wildblumen blühten, doch die Muster der Verwandtschaft sind in unserer DNA geblieben, in unserem Stammesgedächtnis. Wir sind nie wirklich von der Erde unter unseren Füßen getrennt worden, was auch immer uns beigebracht worden ist. Und so ist diese Art des Denkens und Seins weiter gegenwärtig, wie auch der Pfad, den wir wiederentdecken müssen.

Vielleicht werden in der Zukunft Eltern oder Schulen uns diese Sprache lehren, dieses ursprüngliche Wissen. Du kannst es nicht per Smartphone-App oder über ein YouTube-

Video erlernen. Ich habe sie in den Jahren gelernt, die ich zu Füßen meiner Lehrerin sitzend verbrachte, ein Raum, wo die Welten zusammenkamen, die Geheimnisse des Herzens und die Dramen des Alltags. Sie findet sich auch in der alten Tradition der Sufi-Lehrgeschichten, in denen innere Geheimnisse durch einfache und oft humorvolle Situationen vermittelt werden. Diese Geschichten versuchen unser Bewusstsein weg von den uns einengenden Mustern zu verschieben wie in der bekannten Sufi-Geschichte von Mullah Nasruddin, der fieberhaft auf der Straße nach etwas sucht. Als die Leute im Ort Hilfe anboten, fragten sie ihn, wonach er denn suche.

»Ich habe meinen Schlüssel verloren«, antwortete Mullah. Nach einigem Suchen wollte jemand wissen, an welchem Ort genau der Schlüssel verloren worden war.
»Ich habe den Schlüssel im Haus verloren«, entgegnete Mullah.
»Warum suchst du ihn denn dann auf der Straße?« war die naheliegende Frage an ihn.
»Weil hier mehr Licht ist«, meinte Mullah.

Die Geschichte erzählt die einfache spirituelle Wahrheit, dass der Schlüssel zu jeglicher tieferen Wahrheit nicht in der äußeren Welt gefunden werden kann, ganz egal, wie leicht es ist, dort zu suchen. Jahrhunderte später verweist die Geschichte treffend auf unseren gegenwärtigen Versuch, »den Schlüssel« für die Lösung einer sich beschleunigenden Klimakrise im klaren Licht des rationalen Bewusstseins zu finden, wenn er doch darauf wartet, in einem viel weniger sichtbaren inneren Raum gefunden zu werden. Seit Jahrzehnten sind die CO_2-Emissionen und steigenden Temperaturen wissenschaftlich belegt, aber das hat nichts an unserem selbstzerstörerischen Lebensstil geändert, dessen Wurzeln in der Kolonialisierung und Ausbeutung und einer fundamentalen Entheiligung der Erde liegen.

Geschichten können über unsere gegenwärtigen Muster hinausweisen, und Sprache kann uns helfen, das Gebiet zu verdeutlichen, das wir erkunden müssen. Für viele indigene Völker ist ihre Sprache aufs Engste mit ihrem Lebensort verbunden und sie vermittelt oft detailliertes Wissen über Flora, Fauna, heilige Plätze und Traumpfade der Gegend. Auf meiner Reise hat es mich hingezogen, den Raum zu beschreiben, wo sich die innere und die äußere Welt treffen, eine Küstenlinie, wo Träume in unser Leben kommen, wo Synchronizitäten geschehen.

Ich habe diese Sprache auch in der Natur wiederentdeckt, während ich auf den Pfaden in der Nähe meines Hauses umherwanderte, in den Bäumen, bei den Vögeln, in den Blumen und bei den Tieren, und erfahren, wie sie alle zu mir sprachen. Wenn die Natur das erste Buch der Offenbarung ist, dann waren dies hier die Geschichten aus dem Buch: die sich violett und weiß öffnenden Blüten des Fingerhuts oder der den Pfad kreuzende Luchs. Sie bekunden die lebendige Einheit überall; wie wir alle Teil einer mehr-als-menschlichen Welt sind, die in so vielen Stimmen spricht und dabei immer dasselbe sich ständig wandelnde Geheimnis ausdrückt, welches wir Leben nennen.

Bei meinem Schreiben habe ich versucht, diese Sprache einzubeziehen, ein verborgener Text, mit dem ich mich bemühe, unseren gegenwärtigen Traum zu entwirren: was zu der tieferen Geschichte dieses Augenblicks gehört und was nur der oberflächliche Lärm unserer Zivilisation ist. Es ist nicht einfach, diesen Faden zu fassen, wenn es doch so viele Ablenkungen gibt, so viel Geschrei nach unserer Aufmerksamkeit. Deshalb wird es immer schwieriger, einen Raum zu halten, wo man eingestimmt sein kann und hört und versteht, was das Leben uns mitteilen möchte.

Es ist jedoch äußerst lebenswichtig, dass dieser verborgene Faden in unserem Herzen und Geist gehalten wird, damit diese andere Geschichte nicht verloren geht, nicht völlig in Vergessenheit gerät. Trotz aller gegenwärtigen Erkenntnisse wissen wir nicht, wo wir hingehen. Sogar in der äußeren Welt mit all den Kipppunkten, die wir in unserer Umwelt noch auslösen mögen, haben wir kein genaues Verständnis der auf uns zukommenden Veränderungen, der Umschichtungen in den Landschaften unserer Welt. Wir können die Gefahren der zunehmenden Feuer und Flutkatastrophen sehen, aber das sind nur Anzeichen für ausgedehntere Umbrüche, da die Temperaturen weiter steigen und die Biodiversitätsmuster gestört sind und zerbrechen. Das rationale Denken hat uns stärker isoliert als uns klar ist, obwohl die natürliche Welt versucht uns zu warnen und zu erinnern, dass nichts getrennt ist. Die Wissenschaft wird uns nicht retten, und unsere Computer können die nahende Zukunft nicht modellieren.

Mir fallen die Moken ein, das südostasiatische Seevolk, die auf den heranrollenden Tsunami mit ihrer Erinnerung an alte Geschichten reagierten und, als das Wasser sich zuerst zurückzog, ihre Boote ins tiefere Meer hinausbrachten und überlebten. Anders erging es den Fischern, die nicht achtsam für die Wellen waren, dicht an der Küste blieben und umkamen. Die Moken waren völlig wach für den Augenblick, folgten ihren uralten Erinnerungen wie auch den kleinsten Veränderungen der Wellen. Dies ist eine Bewusstseinsqualität, die wir in unserer immer ungewisser werdenden Welt brauchen.

Es gibt einen Pfad, der uns durch diese sich verfinsternden Jahre hindurchführen kann. Er ist verborgen und doch sichtbar. Es gibt eine Bewusstseinsqualität, die darauf wartet, gelebt zu werden, damit wir sehen, wohin wir gehen, und es gibt eine Sprache, die wir erlernen oder wieder erinnern müssen, auf dass wir die Zeichen lesen können.

Heute hat es, untypisch für die Jahreszeit, geregnet. Bald wird sich das Gras von golden zu grün färben. Ich frage mich, wie es für die Enkelkinder meiner Enkel sein wird. Haben wir ihnen geholfen, ihren Weg zurück in ein lebendiges Land zu finden oder werden sie durch ein Ödland gehen, das noch verwüsteter ist als unsere gegenwärtige vergiftete Umwelt?

LIEBE,
FÜRSORGE
UND
GEMEINSCHAFT

5

LIEBE, FÜRSORGE UND GEMEINSCHAFT

Während wir in die Übergangslandschaft dieser Zeit gehen, wo so vieles ungewiss ist, was sind es dann für Werte, die wir zu unserer Unterstützung brauchen und die uns wieder in Verbindung miteinander und mit der uns umgebenden mehr-als-menschlichen Welt bringen?

Die vergangenen Jahre mit der Pandemie haben uns in eine immer zerrissenere Welt geführt, wobei die anfängliche Reaktion »wir sitzen alle im selben Boot« rasch verebbte und stattdessen die soziale Ungleichheit noch deutlicher zutage trat. Dann streuten die sozialen Medien, eigentlich dafür gedacht, uns auf neue Weise zusammenzubringen, Desinformationen und Verschwörungstheorien, und entzweiten uns noch mehr. Und obwohl online-Communities einige Unterstützung boten – können denn Pixel, die vorgeben, Menschen zu sein, die Wärme einer Berührung oder die Nähe bei einer Tasse Tee ersetzen? Wir sind in eine Welt der Entfremdung gelaufen, ohne so recht die Straße zu kennen, auf der wir reisen, und ohne zu wissen, wie wir unseren Weg zurück zu einem Ort der Zugehörigkeit finden.

Ich habe das Glück in einer Ortschaft nahe am Ozean zu leben, wo ich die Leute in den Geschäften kenne, mit der Postangestellten plaudere, wenn ich ein Paket abhole, und der Mechaniker in der Kfz-Werkstatt ein alter Freund ist, der für mich Überstunden macht, wenn die Mäuse in mein Auto eingefallen sind. Hier gab es keinen Streit über Masken, und in den dunklen Tagen der Pandemie versorgte die Community die Bedürftigen mit Essen. Fürsorge und Gemeinschaft verbinden sich in einfachen Handlungen miteinander, und indem wir naturnah leben, sind wir uns der größeren Gemeinschaft bewusst, der wir alle angehören. Wenn ich den Buntspecht mit seinem leuchtend roten Kopf beobachte, wie er sich Samen aus der Futtersäule holt, oder die erst vor kurzem geborenen Kitze draußen vor meinem Fenster grasen sehe, fühle ich mich in vielerlei stiller Weise geborgen. Ich spüre diese Fäden, die uns miteinander verbinden und die mich an das unermessliche Gewebe des Lebens erinnern, das überall ist, vom Wechsel der Gezeiten im Feuchtland bis zu den Blüten des kalifornischen Mohns, die sich gelb und orange zur Sonne hin öffnen.

Liebe und Gemeinschaft kamen unerwartet auf meinen Weg, als ich neunzehn war und meine Sufi-Lehrerin traf. Nach einer grauen Kindheit fand ich mich in ihrem kleinen Zimmer in Nord-London sitzend wieder, wo es Liebe gab, zusammen mit Meditation und einer kleinen Gruppe junger Leute. Diese Gemeinschaft, verbunden in der Suche nach der Wahrheit, hielt mich, als sich mein Leben auflöste und meine dysfunktionale Kindheit zutage trat. Ich empfand zum ersten Mal, dass ich dazugehörte, und wartete jede Woche auf das Freitag-Treffen, wo ich still sitzen konnte und mich völlig angenommen fühlte. Nach dem Treffen genossen wir es öfter, in der Nähe indisch essen zu gehen, Masala Dosa und Chutney. Auch jetzt noch, ein halbes Jahrhundert später, kann ich mich an den Geschmack dieser Dosas erinnern, als seien Meditation, Freunde und indisches Essen zusammen in meiner Psyche eingeprägt.

Seit jenen frühen und verzweifelten Tagen ist die Gesellschaft von Freunden wesentlich für den Pfad gewesen, dieses einfache Teilen von dem, was der Seele eigen ist. Wie Rumi sagt:

> Geh, o Herz, geh mit der Karawane!
> Geh nicht allein die Stationen der Reise.[9]

Im Laufe der Jahre ist unsere Sufi-Gemeinschaft von ein paar Freunden in einem kleinen Zimmer auf Hunderte von Reisenden rund um die Welt angewachsen. Aber das Gefühl der Zugehörigkeit und die Weise, wie verwandte Seelen auf dem Weg einander finden und unterstützen, ist immer geblieben. Dies ist eine Qualität von Freundschaft, die sich von tief in den inneren Welten, wo die Sehnsucht der Seele ihren Ursprung hat, bis in die äußere Welt erstreckt, wo wir einander helfen – einer kranken Freundin Suppe bringen, Lachen und Tränen miteinander teilen. Dieses grundlegende Wissen, dass man Teil einer lebendigen, auf Liebe, Dienen und wahrer Gemeinschaft basierenden Gruppe ist, entspricht einer durch die Wüste ziehenden Karawane, die Wüste unserer zunehmend seelenlosen Welt. Natürlich gibt es wie in jeder Familie Meinungsverschiedenheiten und Schwierigkeiten, doch diese Eigenschaft der inneren Verbundenheit stellt eine Quelle tiefen Trosts dar. Ich frage mich oft, wie es wäre, allein in dieser Welt zu wandern, wie leicht man seinen Weg verlieren könnte.

Und diese heutige Gemeinschaft reicht außerdem Jahrhunderte zurück auf eine lebendige Tradition von Gruppen Suchender, die oft zu Füßen ihrer Lehrer saßen und ihr Licht und ihr Sehnen einbrachten, um ein größeres Licht anzuziehen, das sie führt, eine innere Gegenwart, die sie hält. Wie Jesus sagte: »Denn wo zwei oder drei in meinem Namen versammelt sind, da bin ich mitten unter ihnen«. (Matthäus 18:19-20) Dies sind die lebendigen Zentren des Lichts in dieser Zeit, welche über die individuelle Reise hinaus eine gemeinsame Aufgabe haben. Wie im finsteren Mittelalter, das auf den Zusammenbruch der römischen Zivilisation folgte, als die christlichen Klöster damals das Licht und die Bildung in Nordeuropa wach hielten, sind spirituelle Gemeinschaften aller Formen notwendig, das in der derzeitigen Verfinsterung noch übrig gebliebene Licht zu halten, das spirituelle Licht, das gebraucht wird, damit wir unseren Weg in eine lebendige Zukunft finden können.

Diese verschiedenen Qualitäten von Gemeinschaft bieten auf unterschiedliche Weise Unterstützung. Freunde, Freundinnen und Nachbarn schaffen ein Gefühl der Zugehörigkeit zum Ort, und das Land selbst offenbart mit seinen vielen Stimmen, wie wir mit einem Mysterium verflochten sind, welches tief in die Erde reicht und wie es sichtbar wird in der schlichten Schönheit einer sich im Frühling öffnenden Knospe und dem Nektar trinkenden Kolibri im Garten. Und auf meiner eigenen Reise ist die spirituelle Gemeinschaft eine Großfamilie, die ein tieferes Gefühl der Zugehörigkeit anspricht, auch wenn ich mich in unserer Welt jetzt immer mehr wie ein Fremder in einem fremden Land empfinde. Liebe und Fürsorge füreinander und für die Erde erzählen eine so andere Geschichte als all die Zwietracht und Spaltung, die um uns herum brüllen. Sie bringt uns zurück zu den Wurzeln, die unseren Boden und unsere Seelen nähren.

Die Pandemie hat die Risse in unserer Welt freigelegt, und dann kam der Ukraine-Krieg – brutal, unerbittlich, voller Gräueltaten, Dörfer, Kleinstädte, Großstädte zerstört, Massengräber ausgehoben und mit Leichen gefüllt, aus keinem anderen Grund als Macht und Eroberung – und inmitten von Ruinen kam die Freundlichkeit von Fremden, die für Millionen Geflüchtete sorgten. Bald wird die Klimakrise ihre eigene Finsternis bringen, wie sie sich schon in der entsetzlichen Realität in Somalia zeigt, wo die Dürre uraltes Hirtentum zerstört und Millionen dem Hungertod ausgesetzt sind. In dieser Landschaft fühlen wir das wachsende Bedürfnis nach Werten, die unser gemeinsames Menschsein erhalten, nach Wegen, auf denen wir zusammen durch die sich verfinsternde Zeiten gehen können, dahin, wo die Zukunft wartet. Wir brauchen die Fäden der Liebe, die uns verbinden, die Fürsorge und das Mitgefühl, die uns nähren, die Gemeinschaften, die uns stützen können. Wir müssen erkennen, dass wir zugehörig sind im Innersten unseres Seins wie auch mit unseren die Erde berührenden Füßen. Wir brauchen die Verwandtschaft, die mit Herz und Hand gefühlt wird, dieses Band der tiefen Liebe, welches in allen Dingen lebendig ist.

BEOBACHTUNGEN VOM RAND DER WELT

6

BEOBACHTUNGEN VOM RAND DER WELT

Am Rande der Welt ist das Wasser kalt und die Unterströmungen sind heftig. Wildgänse fliegen hoch droben, während eine Reihe von Pelikanen über den Schaum der Wellen streift. So, wie es Strömungen weit draußen auf See gibt, so gibt es auch Strömungen über dem Land, Stürme, die sich aufbauen. Es war einmal eine Zeit, da gab es Menschen, die sich damit befassten, diese Strömungen zu beobachten. Es waren nicht nur Seeleute, die schauten, wie der Wind ihre Segel füllt, sondern Einzelne in tiefer Meditation, denen es möglich war, die Strömungen über die Kontinente hinweg zu verfolgen, wie sie flossen, wie ihre Muster sich über die Zeit wandelten. Aber die Leute sind nicht mehr für diese Arbeit geschult, nicht länger fähig, zu beobachten und zu bezeugen, zu sehen, wie sich Kräfte konstellieren, was weit hinter dem Horizont ist und was nahe dem Land. Unsere Regierungen treffen Entscheidungen nach Computerprognosen und Plänen für dauerhaftes Wirtschaftswachstum. Aber das Leben ist nicht so, es ist dunkler, herausfordernder wie auch voller Quellen der Freude und Hoffnung. Schamanen konnten in ihrer Trance sehen, wo der Kreis unterbrochen war, und wie sie die Risse beheben konnten, die wir dem Netz des Lebens zufügen. Sie konnten erkennen, wie sich Ereignisse zu konstellieren beginnen, bevor sie sich manifestieren, etwa sich aufbauende Stürme. Aber jetzt laufen wir blind durchs Leben, verfolgen zwar all die schnellen Nachrichtenzyklen, bleiben jedoch ohne wahre Erkenntnis. Wir schaffen es vielleicht, das Wetter vorherzusagen, haben aber nur wenig Ahnung von den Kräften im Leben selbst.

Am Rand der Welt ist es einfacher, die Fäden zu sehen, die in die Welt eingewoben werden, das Licht und die Dunkelheit und die verschiedenen Farben. Man kann diese Fäden bis tief hinein ins Gewebe des Lebens verfolgen, wie wir in der äußeren Welt einhergehen und wie unsere Füße auch die innere berühren. Es gibt Öffnungen zwischen den Welten, wo viele unterschiedliche Fäden zusammenkommen, Orte der

Kraft und der Möglichkeiten. Manchmal bleiben diese Orte Jahrhunderte lang an einer Stelle und sind sichtbar als kosmischer Berg, wo sich Himmel und Erde treffen, oder als Steinkreise, Tempel oder Orakelstätten. Manchmal bewegen sie sich umher, folgen alten Traumpfaden. Sie können nicht auf GPS kartiert, aber durch Träume und Intuition erfasst werden, dieses tiefe Wissen über das, was heilig ist.

Wenn auch jeder Moment in sich selbst vollständig ist, so gibt es doch Augenblicke in der Zeit, die eine tiefere Bedeutung, eine größere Tragweite haben. Wie Shakespeare es ausdrückt: »Es gibt Gezeiten für der Menschen Treiben.« Wir kennen das aus unserem eigenen Leben, dass es Zeiten gibt, die eine größere Wirkmächtigkeit haben als andere, und sie gehen oft einher mit Synchronizitäten und unerwarteten Gelegenheiten oder unvorhergesehenen Schwierigkeiten. Dasselbe gilt für das Kollektiv, »der Menschen Treiben«. Wenn wir beobachten, wie sich Kräfte und Ereignisse konstellieren, beobachten wir diese Gezeiten, wie sie strömen, wie solche Momente eine größere Aufmerksamkeit erfordern oder eine höhere Intensität des Betens. Zeit ist nicht linear, wie es uns unsere heutige Kultur glauben machen will, sondern sie hat Muster, Zyklen, Jahreszeiten. Unsere Aufmerksamkeit für diese Muster führt zu einem besseren Verständnis für die Geschehnisse in unserem eigenen Leben und in der Welt um uns herum. Sie können sich entscheidend darauf auswirken, wie die Zukunft geschrieben wird.

Wir leben in einer Zeit, in der viele verschiedene Kräfte zusammenkommen, teils sichtbar, teils verborgen. Wir können ihre Auswirkungen in den jüngsten Ereignissen sehen – die Pandemie, der Ukraine-Krieg, der sich beschleunigende Untergang der Artenvielfalt, der seltsame Tanz von Extremisten und Leugnern. Aber wir müssen diese Ereignisse zu ihrer Quelle zurückverfolgen, doch nicht zum Ursprung des Virus oder zu den Ursachen des Kriegs, sondern zu den Kräften, die diese Ereignisse ausgelöst haben, und erkennen, was sie bedeuten und welches Muster sie zur Aufführung bringen. Und wenn möglich können wir diese Kräfte ausgleichen, jedoch nicht durch einen Impfstoff oder neue Waffen, sondern durch ein tieferes Gewahrsein, das mit dem Beobachten der Strömungen zusammenhängt, mit den Wellen, die sich weit draußen auf See aufbauen.

Warum ist das Gewebe unserer Gesellschaft so gespannt, fast schon zerrissen? Warum gibt es Gegenden, wo keine Vögel mehr singen? Welche Erzählungen soll man glauben und welche entspringen ungelebten Träumen, die an die Oberfläche kommen und sich wieder auflösen? Manchmal wundere ich mich über unsere Kultur, die so viel weiß und so wenig Wissen hat. Die mit einem Mikroskop sehen kann, aber nicht mit dem Herzen, die so viele Statistiken hat, aber so wenig Erkenntnis. Das Leben war immer schon ein Tanz zwischen den inneren und äußeren Welten, erfahren in Träumen und durch unsere Sinne. Aber jetzt gehen wir durch eine Welt, die nur sieht, was greifbar ist, sogar wenn es in endlose Fantasien und Verschwörungstheorien eingepackt wird, und erleben einen schrecklichen Krieg, der auf dem Mythos von einem verlorenen Imperium basiert.

Als der Ukraine-Krieg begann, wusste ich, dass es mehr war als nur Raketen, Tragödien und Tränen. Als ich in der Nacht, in der die ersten Bomben fielen, aufwachte, war für mich klar, dass dies das Ende unserer Lebensweise, wie wir sie bisher kannten, war – sogar hier, in unserer kleinen Gemeinde dicht beim Ozean, eine halbe Welt entfernt, wo die einzige Gefahr darin besteht, Rotwild auf der Straße zu begegnen, wie heute Morgen, als ich für zwei von der Mutter getrennte Kitze bremste. Von der Beobachtung der sich über Monate aufbauenden Finsternis ausgehend, war dieser Krieg unvermeidbar, selbst wenn er eine solche Katastrophe ist und niemand weiß, wie er enden wird.

Wieder einmal ist der Faden kollektiver Gewalt in unser Leben eingewoben worden, aber dieses Mal breitet sich ihr Schatten, ihre zunehmende Finsternis über die Welt aus. Und was heißt das, wenn die Hälfte unserer Welt die Geschehnisse leugnet oder zensiert und stattdessen Unwahrheiten verbreitet? Wir sind womöglich immun dafür geworden, dass »Fake News« zur Verteidigungsstrategie von Autokraten gehören, aber diese Ausschaltung der Wahrheit spaltet unsere Welt in Licht und Dunkelheit, Wahrheit und Lügen, Freiheit und Unterdrückung. Hier gibt es keine Feinheiten, kein Grau, nur eine beabsichtigte Polarität.

Wie viele noch werden sterben müssen, bis dieser derzeitige Zyklus endet? Und was bedeutet das für unsere kollektive Seele, für unsere kollektive Zukunft? Für die Mutter, die ihre Kinder verloren hat, für das Kind, das seine Eltern hat sterben sehen, ist es eine mit Blut geschriebene Tragödie. Und was bedeutet das für die Freiheit und für die Wahrheit? Wird ihr Licht diese Verfinsterung überleben? Oder ist die Wahrheit etwas, das wir bereits verloren haben inmitten all der Verschwörungstheorien, ein Verlust, der sich jetzt wieder in menschlichem Leiden ausdrückt? Können wir unseren Weg zurück finden? Oder wird diese Gewalt nur einen weiteren Pfad der Tränen zurücklassen, mehr Wut noch, über Generationen weitergereicht?

An dieser Küstenlinie stehend, beobachte ich die Wellen und versuche über den Horizont hinaus zu schauen, um diesen dunklen Faden zu erkennen, der in unser kollektives Schicksal eingewoben wird, verwirkt mit Sorge und Hoffnung, verwirkt mit der Freundlichkeit von Fremden, selbst dann, wenn die Bomben fallen und Millionen von Flüchtlingen unterwegs sind. Es gibt noch andere Fäden – zum Beispiel den Faden tiefer Liebe, der sich durch alle Dinge zieht, die unmittelbarste Verbindung zwischen Schöpfer und Schöpfung, die Liebesgeschichte, die das Leben selbst ist. Das ist die Energie, die Macht, die jede Zelle und jeden Stern hervorbringt, die die Atome und Galaxien sich drehen lässt, wie auch die süße Sanftheit der Berührung durch eine Mutter oder einen Vater oder das werbende Singen einer Feldlerche vor Morgenanbruch bis weit in die Abenddämmerung.

Und da gibt es jetzt noch den Faden unseres erwachenden Bewusstseins für die ursprüngliche Einheit des Lebens und die wechselseitigen Beziehungen der Natur. Wie wir mit dem Gesamt der Schöpfung verknüpft sind. Was unsere Vorfahren instinktiv wussten – die nicht nur die körperlichen Verbindungen, sondern auch den einen Geist wahrnahmen – kommt auf neue Weise wieder zu uns zurück, und das brauchen wir, wollen wir gemeinsam mit der Erde reisen. Und ein weiterer Faden erzählt uns die Geschichte, wie wir am Ende einer Ära sind, gefangen in sterbenden Träumen und der verseuchten Landschaft einer selbstzerstörerischen Zivilisation. Und dann natürlich der Faden, den ich in all diesen Geschichten beschreibe, dieser Faden eines halb verborgenen Pfades, der uns in eine lebendige Zukunft zu führen vermag. All diese Fäden werden miteinander zum sich ständig wandelnden Teppich des Lebens verwoben, zu Bildern, die uns umgeben und Sinn spenden und uns helfen können, die entstehenden Muster einer neuen Daseinsweise zu erkennen.

Ich lebe am Rand der Welt, gehe am Meeressaum entlang oder sitze in tiefer Meditation. Ich versuche den Fäden unseres tieferen Schicksals zu folgen, zu sehen, wo die Flüsse klar fließen und was die Zeichen sind, die unsere Aufmerksamkeit benötigen. Wo werden unsere Gebete gebraucht? Die Entscheidungen, die wir jetzt und in den wenigen uns dafür bleibenden Jahren treffen, werden unsere Zukunft für sieben Generationen oder mehr bestimmen, vielleicht sogar für kommende Jahrhunderte. Wir sehen das in den möglichen Auswirkungen der Klimakrise, die bereits mit steigenden Temperaturen und Hitzewellen unser alltägliches Leben beeinflusst. Wird die Temperatur um weit mehr als 1,5°C steigen? Und was würde das für das menschliche Leben und auch für die Biosphäre bedeuten, von der wir ja Teil sind? Können wir noch einen gefährlichen alles umfassenden ökologischen Zusammenbruch vermeiden, der auch einen sozialen Kollaps zur Folge hätte? Wie ich über die letzten Jahre dargelegt habe, ist die Klimakatastrophe nur ein Element der von uns geschaffenen Welt, dieser Zivilisation, die ihre Verbindung zur heiligen Natur der Erde verloren hat, zu diesem Fundament, das uns über Jahrtausende gehalten hat. Der kommende Zehnjahreszeitraum wird darüber entscheiden, ob künftige Generationen ein inneres und äußeres Ödland erben, auch wenn wir gegenwärtig noch keine Modelle oder Wissen darüber haben, was das bedeuten könnte.

Dies ist ein Moment, eine Dekade, die Einfluss auf unsere zukünftigen Generationen hat – nicht durch steigende Temperaturen allein, sondern durch eine Qualität des Lebens, die die Seele betrifft. Wir müssen sorgsam gehen, mit einem

Bewusstsein dafür, wo wir unsere Füße hinsetzen. Wir müssen nicht nur für den gegenwärtigen Augenblick wach sein, sondern auch dafür, wie sich Ereignisse über die Zeit entfalten. Was in den Geschichten von heute erzählt wird. Was mehr und mehr Illusionen oder Ablenkungen sind, und was einen tieferen Sinn enthält und mehr Aufmerksamkeit braucht.

Die Seevögel schreien und das Salzwasser füllt die Gezeitentümpel. Am Rand der Welt gibt es viel Stille mitsamt dem Geräusch der Wellen. Viele der Kräfte, die die Geschichten von heute erzählen, haben sich seit Jahrzehnten, sogar seit Jahrhunderten herausgebildet, aber da gibt es auch eine Lücke in den Wolken, die meine Aufmerksamkeit auf eine andere Daseinsweise lenkt. Ist es genug, diese Kräfte nur zu beobachten, diesen Fäden zu folgen? Mich zieht es nicht besonders zu Aktionen, weil mir reines Gewahrsein mehr liegt. Zwietracht erhöht nur den Lärm des Dramas, und ich bevorzuge die Stille. Ich hoffe, dass ich, indem ich diese Geschichten erzähle, auf einen Weg hinweisen kann, mit dem Herzen und der Seele zu sehen, die alte Sprache vom Land und von ihrem Träumen wiederzuentdecken. Seefahrer mussten über die Strömungen im Ozean wissen und Schamaninnen, wie die innere und die äußere Welt zusammenkommen. Es gibt eine Art zu beobachten und zu horchen, zu sehen, wie der Zweig sich im Wind biegt, wie die Wolken über den Himmel ziehen. Es gibt eine Notwendigkeit zu erfassen, wie sich die Kräfte in unserer Welt konstellieren, dieses subtile Zusammenspiel von Ereignissen. Der Krieg und die Pandemie sind keine Einzelereignisse, und es wird keine Rückkehr dahin geben, wie die Dinge gewesen sind. Es gibt eine Weisheit, die wir aus diesem Beobachten brauchen, dieses Gewahrwerden der sich konstellierenden Kräfte und der Orte, an denen das Leben sich erneuern kann. Wo Freude gegenwärtig ist und das Sonnenlicht sichtbar durch die Wolken.

ERDVERÄNDERUNGEN

7

ERDVERÄNDERUNGEN

Was ist der Sinn dieser tief in der Erde stattfindenden Veränderungen und wie stark werden sie sich auf uns auswirken? Für den Hirten im Sahel, dessen Vieh gestorben ist und dessen Kinder verhungern, oder für den Klimaflüchtling, der all seine Ersparnisse einem libyschen Menschenschmuggler geben musste, bedeutet die physische Realität der Klimakrise Flucht und Überleben. Ähnlich ist es, wenn dein Haus abbrennt oder überschwemmt wird. Das ist die Realität der Landschaft, die wir betreten, das Chaos der kommenden Jahre. Und zugleich gibt es Verschiebungen im Körper der Erde – Veränderungen, die nicht nur den Verlust von Artenvielfalt bedeuten, sondern einen Umbruch, der so radikal ist wie die Klimakatastrophe selbst. Die Schwierigkeit ist, dass wir weder die Sprache noch die Bilder haben, um solche Veränderungen zu beschreiben. Wir haben die Sprache dafür schon lange vergessen, und die Bilder gehören hauptsächlich einem symbolischen Reich an, das wir nicht mehr deuten oder begreifen können. Und unser kollektiver Unglaube gegenüber dem symbolischen Reich hat einen Nebel geschaffen, einen Schatten, der sich über die Jahrhunderte verstärkt hat und es zunehmend schwerer macht, es zu sehen.

Es gab eine Zeit, da lebten wir alle in Einklang mit den uralten Rhythmen der Erde, den Jahreszeiten und den Sternen. Alles wurde als symbolisch wahrgenommen, unser äußeres Leben spiegelte die Muster der Seele wider und nicht nur in Zeremonien, sondern in allen Aspekten des Lebens – wie dem Kochen, Weben, Tanzen und in der Jagd. Heutzutage wissen wir nicht mehr, wie sehr unser individuelles Leben Teil eines lebendigen Ganzen bildet; wir haben keine Mitte und kein Fundament mehr.

Doch die uralten Rhythmen der Schöpfung existieren weiterhin in unserem Körper und in unserer Psyche und in jedem Atemzug, auch wenn das verschüttet und fast vergessen worden ist.

Bei all den grundlegenden Veränderungen, die sich um uns vollziehen, ist es wichtig, sich an das zu erinnern, was unveränderlich ist: die heilige Natur der Schöpfung und das Herz, das in Lob und Dank singen kann. Und dass die Zelte der Liebenden noch immer auf dem Land zugegen sind, dieser Liebenden, die die Fäden der Liebe halten, welche sich miteinander zu diesem sich entfaltenden Mysterium verbinden.

An diesem Morgen haben die Hügel, während ich im ersten Licht gehe, ein orangefarbenes Glühen von der noch nicht aufgegangenen Sonne. Das einzige Geräusch ist das Kreischen der Reiher im Feuchtland. Die Äpfel an den Bäumen bei der Straße färben sich schon rot, und die silberne Sichel des Mondes steht noch am Himmel. Diese Erfahrung macht Sinn, sie ist einfach, elementar. In diesen Augenblicken, da die Landschaft mein einziger Gefährte ist, weiß ich, so wie die aufgehende Sonne und die Äpfel im Garten von Jahreszeiten und Zyklen sprechen, so tut es auch die Erde Selbst. So viele Lebzeiten bin ich mit Ihr gegangen, habe Ihr gelauscht, habe beobachtet, wie die Sonne über die Hügel gleitet und den Himmel in Orange taucht. Ihr Lied gehört dem gegenwärtigen Augenblick an, spricht aber sowohl zur Vergangenheit wie zur Zukunft.

Heutzutage, wo so viele andere Geschichten einen umschwirren, ist es schwer zu wissen, was wirklich ist. Narrative, die so Vielem in unserer derzeitigen Kultur zugrunde liegen – wie der Mythos, dass mehr besser ist, oder auch die »große Lüge« vom anhaltenden Wirtschaftswachstum – sind lediglich Fantasien. Deshalb ist es so wichtig, dass jede und jeder von uns eine Erzählung findet, die zu uns spricht, nicht irgendwelche Verschwörungstheorien oder nostalgischen Träume, sondern eine lebendige Erzählung, die uns wieder verbindet. Wenn ich in dem Licht vor der Morgendämmerung gehe, fühle ich mich verbunden. Nicht bloß mit den Bäumen und dem nahen Feuchtland, sondern auch mit den Elementarkräften und dem Herzschlag der Erde. Ich bin Teil einer Welt, wo eine Blume, die nur einen Tag blüht, zu demselben Muster gehört wie die Wanderungen der Vögel, wie die südwärts ziehenden Gänse und wie die Spiralbewegungen der Galaxien.

Beten verbindet mich ebenfalls, mit der Stille, mit dem Herzen, mit der Liebe, die alle Dinge durchströmt. Mich zieht es mehr und mehr zu diesen Verbindungen hin, damit sie mich erhalten wie Wurzeln, die tief in die inneren Welten reichen und dort die Nahrung finden, an der es unserer Welt jetzt mangelt. Vielleicht ist das nur so, weil man älter wird und

Ablenkungen und Begehrlichkeiten nicht mehr die Aufmerksamkeit auf sich ziehen, vielleicht ist es auch immer so gewesen, als all unsere Handlungen Gebet waren, als die Welten zusammenkamen und gemeinsam sangen.

Ich versuche die Erde und mein Herz zu mir sprechen zu lassen, dass sie mir ihre Geschichte erzählen, wie die Fäden der Schöpfung zu einem neuen Muster verwoben werden. Wie das Bewusstsein der Einheit Teil dieser Veränderung ist und es ermöglicht, dass diese allem Leben innewohnende Einheit auf neue Weise bekannt wird, dass ihre Verbindungen zusammen singen und unser eigenes *Intersein*, unser allseitiges Verbundensein, stärker sichtbar wird. Dieses sich entfaltende Muster wird das Leid der kommenden Jahre miteinschließen, aber auch die Hoffnung, die Freude und die Liebe, sowie ein Öffnen zwischen den Welten. Ein Wiedererwachen der Magie. Und dabei bleibt immer die Frage, welche Rolle die Menschheit in dieser Transformation, in dieser Wende spielen wird. Und hier gibt es keine Klarheit. Viele Leute schlafen, leben die Träume oder Albträume des Kollektivs, die »Konsumenten und Konsumentinnen« unserer Kultur. Heutzutage verbringen sie täglich viele Stunden an ihren Bildschirmen, oft eingesponnen in toxische Gedankenformen, die wir soziale Medien nennen.

Sie wissen nicht einmal, dass dies das Ende einer Ära ist, obwohl ihre Kinder schon an Öko-Angst leiden.

Die Kräfte des Leugnens und der Verdrängung sind leicht zu erkennen, all die Machtdynamiken einer sterbenden Welt. All jene, die mit Gewinnmaximierung und Ausbeutung fortfahren wollen, die nichts anderes kennen als Gier und Geld. Das ist derselbe Antrieb, den die Indigenen Amerikas vor Jahrhunderten bei den Weißen beobachtet haben:

> »Diese Liebe zu Besitz ist eine Krankheit von ihnen. Sie beanspruchen unsere Mutter, die Erde, für sich und sperren ihre Nachbarn durch Zäune aus. Sie verunstalten die Erde mit ihren Gebäuden und ihrem Müll … Der Hunger des weißen Mannes nach materiellem Besitz und nach Macht hat ihn blind werden lassen für das Leid, das er Mutter Erde zufügt.«[10]

Doch da sind auch jene, die nicht so mit Blindheit geschlagen sind, die wissen, dass es eine andere Daseinsweise gibt. Sie bangen um die Zukunft, sie wollen nicht in eine zunehmende Ödnis oder in ein Treibhaus Erde schlafwandeln. Vielleicht haben sie den Schrei der Erde gehört, und ihre Herzen sind offen für den Schmerz und die Liebe. Sie fühlen sich aufgerufen, für eine Zukunft von sieben Generationen und mehr zu arbeiten, Ihre ursprüngliche Schönheit wiederherzustellen. Wie sich diese gegensätzlichen Kräfte in den kommenden Jahren und Jahrzehnten entwickeln werden, wird sich auf unsere gemeinsame Reise und wie die Zukunft geschrieben wird, auswirken.

Und die Erde selbst? Was weiß Sie von diesen Kämpfen, von diesen Dramen? Denkt Sie nur in Zeiträumen von Jahrtausenden? Von allen auf der Erde existiert habenden Arten sind 99,9% bereits ausgestorben. Viele von ihnen sind in den fünf katastrophalen Ereignissen untergegangen. In dem jüngsten Massenaussterben vor 65 Millionen Jahren gingen 75% der Arten unter, während das größte Massenaussterben vor rund 250 Millionen Jahren geschah, als womöglich 95% aller Arten verschwanden.

In den letzten zweihunderttausend Jahren ist die Menschheit ein wichtiger Teil Ihrer Geschichte geworden, auch wenn wir erst so kurz hier sind. Wir sind Teil Ihres Erwachens, doch steht es geschrieben, dass wir noch für weitere Jahrtausende zusammen mit Ihr reisen sollen? Ich glaube, dies jetzt ist ein Schlüsselmoment auf unserer gemeinsamen Reise und dass die Zukunft noch nicht geschrieben ist. Und dass wir, wenn wir nur in Begriffen wie Grade der Erderwärmung denken, damit fortfahren, mit den Scheuklappen von Wissenschaft und Verstand zu schauen und so eine Gelegenheit verpassen. Ob die Temperatur nun auf 1,5° oder 2° oder sogar 3°C steigt, wird in jedem Fall dramatische, wenn nicht sogar katastrophale Auswirkungen haben, aber als das menschliche Bewusstsein erstmalig auf dieser Erde erwachte, war eine andere Dimension gegenwärtig, ein Tor, ein Durchgang zwischen den Welten war geöffnet worden, und auch das braucht unsere Aufmerksamkeit.

Und diese Geschichte muss ebenfalls erzählt werden, auch wenn nur wenige imstande sind, sie zu hören. Leider haben wir so viel von dieser Reise zensiert, in der gleichen Art, wie die frühen Christen, als sie rücksichtslos die Bibliotheken und Lehren der heidnischen Welt verbrannten. Ich wandere schon seit mehr als drei Jahrzehnten zwischen den Welten und mir ist gezeigt worden, inwiefern sich die Energiestruktur der Erde wandelt und wie wir Teil Ihrer Transformation sein können. Und doch fühlt mein Herz, während ich diese Worte schreibe, die Trauer über verlorene Gelegenheiten und sich schließende Tore. Ich weiß, dass ohne die Beteiligung des menschlichen Bewusstseins eine bestimmte Schwingung in der Transformation der Erde fehlen wird.

Ich verstehe, dass jeder von uns seinen eigenen Weg finden muss, um an dieser Arbeit teilzuhaben, und der unmittelbarste Weg ist durch unsere Liebe für die Erde. Sie ist ein Lebewesen, das unsere Liebe braucht, so wie auch unsere Fürsorge und unsere Aufmerksamkeit. Und ich glaube an die kleinen Dinge mit großer Liebe – die einfachen Handlungen liebender Güte füreinander und für die Erde, die der stärksten Kraft hilft, dahin zu fließen, wo sie gebraucht wird. Aber ich denke auch, es ist notwendig, unser Gewahrsein für diese innere Dimension der Erdveränderung zu öffnen, zu dem Wissen unserer Vorfahren zurückzukehren und die Sprache der Erde wieder zu erlernen. Durch den Erdboden, den unsere Hände fühlen können, und durch die Seele, die unser Geist berührt.

Wir müssen einsehen, dass dies das Ende einer Ära ist, dass unsere Träume materiellen Wohlstands vorbei sind. Sie haben die Erde zu viel gekostet, und unsere Kinder und Enkelkinder werden in diesen Trümmern alt werden müssen. Aber wir können damit beginnen, diese erste Veränderung zu spüren, die zu den Jahreszeiten der Weltseele gehört. Den Funken eines Neuanfangs zu ahnen, den Frühling, der auf den Winter folgt. Und jene, deren Herzen offen sind, können Teil eines Gebets werden, das zur Erde spricht, das willkommen heißt, was in Ihr geboren wird. Dann kann jeder von uns auf eigene kleine Weise Geburtshilfe für diese Veränderungen leisten, damit der Funke menschlichen Bewusstseins in ihnen gegenwärtig sein kann.

Als vor Tausenden von Jahren unser Bewusstsein erstmals erwachte, wurde ein Tor zwischen den Welten geöffnet. Ein anderer Eingang öffnet sich jetzt, was Teil des Mysteriums von Erde und Kosmos ist. Wenn wir auf dieser Schwelle gegenwärtig sein können – wach in unseren Herzen und unserem Beten wie auch in unserem Schmerz und unseren Tränen –, wird unsere Reise zusammen mit der Erde diesen Funken, dieses Versprechen, diesen Neuanfang halten. Wir können Teil der neuen Verbindungen sein, die vom tiefen Innern der Erde aus in den Kosmos gebildet werden, neue Muster der Einheit, die uns alle miteinander verknüpfen. Oder wir können weiter dabei bleiben zu versuchen, eine Klimakrise einzudämmen, die bereits außer Kontrolle geraten ist, ohne die daran beteiligten Kräfte wirklich zu verstehen. Wir empfinden vielleicht allmählich, dass die Erde ein Lebewesen ist, von manchen schon *Gaia* genannt, aber der Geist in Ihr ist noch verschleiert, Ihre magische Natur noch verborgen. Und wir können nur gemeinsam in eine lebendige Zukunft gehen, wenn wir diese Qualitäten, diesen essenziellen Teil von Ihr ehren und achten. Sie ist nicht nur Flüsse, Berge und Bäume, sondern Geist, der alles durchzieht, Geist, der seine eigene Metamorphose erlebt.

LEBENDIGE EINHEIT

8

LEBENDIGE EINHEIT

Einheit ist ganz einfach: Alles ist miteinbezogen und hat die Möglichkeit, der eigenen Natur entsprechend zu leben. Das gehört zum Geheimnis des Lebens, das jetzt offenbart werden kann, eine Chance, die geboten wird. Wie wir diese Gelegenheit nutzen, hängt vom Ausmaß unserer Teilhabe ab, wie sehr wir bereit sind, uns von den Mustern der Vergangenheit zu befreien, von der Art, wie unser Denken und Handeln konditioniert ist, und zuzulassen, dass wir Teil des Lebens sind, das sich neu erschafft.

In diesen letzten Tagen unserer sterbenden Ära werden wir mehr und mehr in die Muster der Spaltung gezogen, isolieren uns in nationale, kulturelle und soziale Identitäten und erleben ethnische Ungleichheit und Ungerechtigkeit. Und doch erzählt uns das Leben eine andere Geschichte, nicht von einem Ökosystem, das zerstört wird, weil wir die ihm eigene Ganzheit nicht wahrhaben wollen, sondern dass all unsere verschiedenen Ethnien, Bräuche und Glaubensrichtungen zu dem einen lebendigen Bildteppich der Menschheit gehören – der multi-ethnischen globalen Gemeinschaft.

Die Ganzheit des Lebens zu erkennen, wie jeder Teil zu dieser sich ständig entwickelnden und verändernden Einheit gehört, ist eine Wahrnehmungsqualität, die wir brauchen, damit wir in die Zukunft eintreten können. Diese Art des Sehens ist notwendig, um unsere Reise fortzusetzen, wie das vor einigen Jahren die innere Welt mir gegenüber ausdrückte:

Du siehst nicht durch Trennung, sondern durch Zusammengehörigkeit. Du siehst nicht durch etwas, das sich von dir unterscheidet, sondern wie durch ein Echo in dir, was in dir nachschwingt, Teil von dir ist. Dann siehst du die Wechselbeziehungen der Dinge, wie sie zusammenhängen und nicht wie sie getrennt sind. Du siehst den Fluss des Lebens und nicht die isolierten Objekte des Lebens. Du erkundest die Gemeinsamkeiten der Dinge statt ihre Unterschiede.

Zu lange haben wir auf die Unterschiede, auf die Trennung, auf die Abgrenzung, auf die Entfernung zwischen den Dingen geschaut und das zu unserer Welt gemacht. Wenn wir die Dinge auf andere Weise sehen, werden wir eine andere Welt erkennen. Wir werden lernen, die Verbundenheit der Dinge zu sehen, die Harmonie der Dinge, die dynamischen Muster des Bezogenseins und wie diese Verbindungen alle miteinander kommunizieren, wie sie zusammen singen. Wie Leben in das Leben fließt und alles Teil eines lebendigen Ganzen ist.

Bleiben wir in unserer konditionierten Weise des Sehens und Denkens, bei der wir uns auf die Unterschiede zwischen den Dingen und den Menschen fokussieren, wird das Leben mehr und mehr zerbrechen, wie wir das jetzt schon erfahren. Weil sich diese Brüche ausdehnen, ist dieser Augenblick so ausschlaggebend, wie der Dichter Yeats vor über einem Jahrhundert prophezeite:

»Kreisend und kreisend im sich weitenden Wirbel
Kann der Falke den Falkner nicht hören;
Alles zerfällt; die Mitte hält es nicht …
Bloße Anarchie ist losgelassen auf die Welt … «[11]

Und doch beginnt die Natur einige Muster ihrer Vernetzung der Wissenschaft zu offenbaren, wie es in der Arbeit von Suzanne Simard über ihre Entdeckung der Netzwerke der Mykorrhiza-Pilze dargelegt ist. Das sind Netzwerke in Wäldern, die die Bäume miteinander verbinden und darüber Wasser, Kohlenstoff, Stickstoff und andere Nährstoffe und Mineralien leiten wie auch Stresssignale senden, zum Beispiel bei Trockenheit und Krankheit oder Insektenbefall. Auch wie einige Bäume in Protokooperation stehen, also nutzbringend interagieren. Die Douglasie steht gern bei Birken, weil es für sie gesund ist. Sie infiziert sich dann nicht. Über die Birkenblätter wird sie mit Nährstoffen versorgt. Und die Birken beherbergen verschiedene Bakterien mit antifungiellen Wirkstoffen, so dass sie gegen Krankheiten wirken, die tödlich für die Douglasien sind. Lokal und global ist die Natur voller Beziehungsmuster, die ihre lebendige Ganzheit unterstützen, was wir erst jetzt zu entdecken beginnen. Indigene Völker lebten in Harmonie mit diesen Mustern und halfen, sie zu erhalten. So vermittelten sie bereits in ihren Geschichten, dass es diese Pilznetzwerke im Boden gibt. Sie sprachen vom Pilz im Erdboden und dass er die Bäume nährt, und vom Lachs, dass er auch die Bäume nährt, und sie nahmen von den Lachsen aus den Flüssen die Überreste und Gräten und legten sie unter die Bäume, um sie mit dem Stickstoff und den Nährstoffen vom Lachs zu düngen.[12]

Die Einheit ist voll von lebendigen Mustern des Zusammenwirkens und der gegenseitigen Abhängigkeit. Tief im südamerikanischen Regenwald lebt ein anderer Pilz, der 50 000 Blätter pro Tag konsumiert, ohne je an die Oberfläche zu kommen. Er ist darauf angewiesen, dass Ameisen ihm Nahrung im Austausch mit Nährstoffen bringen. Der Pilz dirigiert irgendwie die Ameisen und gibt ihnen Aufträge, wobei er chemische Kommunikation benutzt. Dies sind allem Leben inhärente Muster, die sich über Millionen von Jahren entwickelt haben. Es ist Zeit für uns, dass wir wieder einen Schritt zurückgehen in diese sich entwickelnden Muster – nicht mehr in die von Beherrschen und Kontrolle, sondern von Wechselbeziehungen, die tief in die inneren Welten reichen. Auf allen Ebenen gibt es viele Formen der Kommunikation, feine Signale, die unsere Vorfahren kannten. Es gibt auch Netzwerke heiliger Bedeutung. Sie verbinden die Welten, Orte, wo die Energie leichter fließt und sich Synchronizitäten ereignen. Orte, wo Traumpfade geboren werden.

Manchmal verbinden Träume die Welten oder Visionen zeigen eine andere Landschaft als die unserer äußeren Augen, Orte, wo die Pferde singen. Wenn wir nur in Begriffen von materiellem Wohlergehen denken, verpassen wir diese Zeichen – unsere Augen sind dann blind, unsere Ohren taub und unsere Herzen hart. Da wir nicht mehr das Buch des Lebens lesen können, stolpern wir in eine unbekannte Zukunft und übersehen die Zeichen unserer Zugehörigkeit, die Zeichen für unsere Heimkehr. Wir haben vergessen, dass die Geburt des Bewusstseins auch eine Geburt des seelischen Bewusstseins gewesen ist, einer inneren Welt, die sprach und sang, die uns Visionen schenkte und Sinn. Die ersten Künstler und Künstlerinnen, die Spiralen auf Steine malten, wussten von diesem Mysterium wie auch die Geschichtenerzähler und Seherinnen. Es ist wohl an der Zeit, dieses Land wiederzugewinnen, das wir verlassen haben, wieder diese Magie anzuerkennen, die wir verworfen haben, die Quellen, die niemals vertrocknet sind.

Die Menschheit ist weit von der Quelle weggereist, hat ihre Mutter im Stich gelassen und gelernt, in einer Welt der Maschinen zu leben. Das war unsere Wahl oder unser Schicksal. Durch unseren Missbrauch der Gabe des Bewusstseins auf unserer Reise des Fortschritts sind wir von einer Welt des heiligen Sinns entfremdet worden. Aber jetzt gibt es die Gelegenheit, zurückzukehren, aufs Neue zu lernen, wie man wirklich sieht, hört und auf heilige Weise geht. Die Seele in allen Dingen zu fühlen. Halten wir jedoch weiter an den alten Göttern des Materialismus fest, werden wir uns in einem zunehmend sterilen Land vorfinden. Wir denken, wir schützen uns, während wir tatsächlich in einem Land der Fülle verhungern. Und wollen wir durch ein Land der Klimakrise navigieren, müssen wir die Verschiebungen verstehen, die sich gerade ereignen, nicht einfach nur steigende Temperaturen, sondern auch die Muster innerhalb der Schöpfung, wie die Erde sich entwickelt und antwortet.

Die Menschheit ist immer Mittler zwischen den Welten gewesen, zwischen der inneren Welt der Seele und der äußeren physischen Welt der Sinne. Bis wir vergaßen, wanderten wir in beiden Welten, was sich in Ritualen, Gebeten und einfachen täglichen Handlungen ausdrückte. Wir waren *mit der Erde zusammen*. Aber als die Kirchenväter beschieden, dass das Göttliche nur im Himmel zu finden sei, und Erdmagie und Erdweisheit verbannten, beraubten wir uns selbst und die Erde der essenziellen Nahrung und des Sinns. Jetzt müssen wir uns wieder mit Ihrem Körper und Ihrer Seele verbinden. Wir können es uns nicht länger leisten, vom Land unter unseren Füßen vertrieben und von der Energie abgeschnitten zu sein, die vom Innern kommt. Das Leben ist am Sterben und muss wieder mit der Quelle verbunden werden. Das Bewusstsein gibt uns die Möglichkeit, diese Verbindung herzustellen und zu dem zurückzukehren, was heilig ist, oder weiter und weiter in ein sterbendes Land zu wandern.

Diese Muster wechselseitiger Verbindungen sind lebendig. So wie Nährstoffe durch das Pilznetzwerk der Bäume fließen, so fließt auch Energie durch die Muster der Einheit, die das Leben erhalten. Sie sind nicht statisch, sondern Teil des ständigen Wandels des Lebens. Und wir sind Teil von ihnen, sind in den inneren und äußeren Welten verknüpft. Die Liebe kann durch diese Verbindungen fließen und auch die Erkenntnis, dass die Erde als lebendiges System wirkt und dass Sie sich verändert. Auch gibt es jetzt, in dieser Zeit zwischen den Erzählungen, mehr Flexibilität in diesen Mustern als zu anderen Zeiten. Unser rationales Bewusstsein sieht Dinge als fest statt fluid, aber das ist nur die Begrenzung unseres gegenwärtigen Denkens.

Gelingt es uns, aus der Erfahrung der Welt als ein rein physikalisches Gebilde, getrennt und unterschieden von uns, zu treten und sie als einen Energiefluss wahrzunehmen, der uns naturgemäß miteinschließt, werden wir das Leben anders sehen. Die Natur weiß, wie das Leben durch so viele Formen fließt, und sogar die Teilchenphysik bestätigt ein Bild der Materie als ein dynamisches Energiefeld, einen tanzenden Fluss von Energiemustern, die sich zu einer physischen Form verbinden. Können wir dieses Bild von der Materie akzeptieren, befreit uns das vielleicht von der Vorstellung einer statischen, festgelegten Welt, in der nur materielle Dinge eine Substanz haben, und nimmt uns mit in eine fluidere, dynamischere und umfassendere Beziehung zum Leben. Das wird uns ermöglichen, in größerem Umfang teilzuhaben, frei von den Begrenzungen der vergangenen Muster.

Dies sind alles nur Hinweise, Vorschläge, wie wir in dieser Zeit des Wandels mit der Erde sein können. Ich versuche eine andere Weise der Beziehung zu der uns umgebenden Welt zu beschreiben, die es uns ermöglicht, Teil der grundlegenden Verschiebung zu sein, die zu dieser Zeit gehört. Gewiss ist nur, dass wir in eine Zeit radikaler Ungewissheit gehen, die kennzeichnend für das Ende einer Ära ist, und dass die Erde sich auf Weisen verändert, die unsere rationale Wahrnehmung nicht erkennen kann. Wir sehen viel eher die Zerstörung der Biosphäre als die neuen, sich gerade herausbildenden Muster.

Aber »wenn wir auf andere Weise sehen, werden wir eine andere Welt erkennen.«

Während die Zukunft ungewisser und fluider wird, werden autoritäre Regime und rechtsextreme Ideologien immer starrer und kontrollierender. Das kann als Reaktion auf die grundlegende Unsicherheit der Gegenwart gesehen werden, auf eine Welt, »wo die Dinge auseinanderfallen«. Leider ist das meist die lauteste Stimme, und sie schafft Unterdrückung und reaktionäre Bewegungen, indem sie Stabilität durch Stärke und Zwang einfordert. Aber so wie die Klimakrise nicht durch Leugnen aufgehalten werden kann, laufen diese Kräfte der Kontrolle den stattfindenden tieferen Veränderungen zuwider. In den kommenden Jahrzehnten werden wir, während diese Kräfte interagieren, beobachten und leidvoll erleben, wie sich beschleunigender Wandel auf zunehmende Unbeweglichkeit und feste Vorstellungen auswirkt. Die Gefahr ist, wie Yeats prophezeit, »Bloße Anarchie ist losgelassen auf die Welt«. Gesellschaftlicher Zusammenbruch ist eine reale Möglichkeit.

Und doch ist eine andere Erzählung bereits präsent und sie spiegelt sich in unserem aufkeimenden Bewusstsein für die Muster der Protokooperation in der Natur, in ihren unterstützenden Netzwerken. Dieser Bewusstseinswandel ist um uns im Gange, auch wenn es ganz so aussieht, als hätten wir die Gelegenheit versäumt, ihn in unser kollektives Wahrnehmen zu bringen. Treten wir in diese größere Bewusstseinsdimension ein, die zugleich die einzigartige Bedeutung eines jeden Teils innerhalb des Ganzen erkennt und wertschätzt, gelangen wir in eine sehr andere Wirklichkeit. Wir sind dann präsent und mit dem Ganzen in jedem Augenblick vernetzt. Wir kennen es aus unserer individuellen Geschichte, wie sich das Leben verändert, wenn wir in ein Gefühl der Harmonie mit uns selbst und der Umwelt zurückgebracht werden. Die Musik in unserem Leben ändert sich, wenn wir merken, wir sind am richtigen Platz, im Zentrum unseres Lebens. In dieser Harmonie kann Heilung geschehen, und die Möglichkeiten des Lebens erweitern sich, wenn wir unser individuelles Selbst mehr »in Einklang« mit dem Leben finden. Dieselbe Möglichkeit, wenn auch verborgen, ist im Innern allen Lebens präsent. Während die alte »Mitte es nicht hält«, ist überall um uns eine neue Mitte, ein neues Zentrum, gegenwärtig, und zwar in den einfachsten Dingen, in den Mustern der Verbindungen, in der Liebe und Fürsorge, die uns unterstützt, in der Intimität, die eines der kostbarsten Geschenke des Lebens ist. Wie ich in an anderer Stelle erwähnt habe, ist das, was gerade geboren wird, nicht so sehr eine Form als vielmehr ein Raum, wo alles seiner wahren Natur entsprechend sein und sich zusammen entwickeln kann. Diese Möglichkeit wird uns jetzt angeboten.

Ich habe das Glück, von der Natur umgeben zu sein, wo ich tagtäglich diese Muster sehe – in der Familie der Flussotter, die übereinander purzeln, in den Obstbäumen, deren Frühlingsschönheit Befruchtung und später Fülle bringt. Ein Schwarm von Staren oder eine Formation Wildgänse hoch am Himmel zeigen Muster, die sich bilden und gleich wieder wechseln, eine lebendige Harmonie. Doch wir können dies auch in unseren menschlichen Interaktionen erkennen, insbesondere, wenn Liebe und Zuwendung beteiligt sind. Wir können Innigkeit und Lachen bei Eltern und kleinen Kindern erleben, die Nähe, die sie nährt, oder wie Freunde und Freundinnen einander unterstützen oder wenn Geflüchtete ein neues Heim erhalten. Das ist wohl die älteste menschliche Geschichte, schon gelebt, als wir kleine Gruppen von Jäger und Sammlern waren und uns gegenseitig unterstützen mussten, um zu überleben. Schauen wir jedoch genauer hin, können wir sehen, dass eine neue Magie zugegen ist, eine neue Zutat, die gerade in den Lebensstoff eingewoben wird. Diese Magie erzählt eine andere Geschichte als die Wirren um uns herum, als all die Konflikte, all die Spaltung. Diese Erzählung gilt es zu vernehmen, damit wir ihr helfen, lebendig zu werden.

LEBENDIGER AUGENBLICK

9

LEBENDIGER AUGENBLICK

BETRACHTUNGEN EINES ALTEN MANNES

Der gegenwärtige Augenblick ist überall um uns, wenn auch meist verborgen, zugedeckt von unseren Gedanken und den Tagesabläufen. Ich versuche ihn frühzeitig zu erfassen, oft im Zwielicht, bevor die Welt erwacht, während ich beobachte, wie sich die Farben am Himmel verändern. Oder in dem weichen Licht des Abends, wenn die Streifenhörnchen langsamer zu huschen scheinen und ich manchmal Eulenflügel sehen kann, die sich zwischen den Bäumen bewegen.

Es ist so leicht, diesen Augenblick zu verlieren, zu dem zurückzukehren, was uns der Verstand erzählt, zu all diesen Dramen der Welt, zu den Hoffnungen und Ängsten. Aber dann, wenn ich eine reife Tomate im Garten pflücke und ihre

Süße schmecke, ist dieser Augenblick zurück, schlicht, vollständig.

Ich denke, kleine Kinder leben meist im Augenblick, bis ihnen beigebracht wird zu vergessen, bis sie angefüllt werden mit der Welt ihrer Eltern und erfahren, dass Zeit abläuft, es Uhren und Kalender gibt. Aber der Augenblick ist nicht so. Die Zeit verläuft hier auch, im Steigen und Fallen des Wassers im Feuchtland draußen vor meinem Fenster, oder den vorbeiziehenden Wolken, durch die die Sonne immer wieder durchscheint. In diesem Fließen vergehen Augenblicke, doch sie bleiben ohne Fragen, ohne Antworten.

Letzte Woche mussten wir den Busch der Wildrose stutzen, die dabei war, den Zaun zu zerbrechen. Wir wollen die Rehe und Hirsche vom Garten abhalten, sonst gibt es keine Rosen oder Farben mehr. Sie ist unbemerkt herangewachsen. Wenn man einen Garten hat, gibt es immer etwas zu jäten, zu pflegen, zu mulchen, zu beschneiden. Trotzdem wächst manchmal eine Pflanze, ohne dass es jemand merkt, und kehrt zu ihrem wilden Selbst zurück. Wenn wir im Augenblick gegenwärtig sind, ist das eine Übung oder eine natürliche Seinsweise? Oder haben wir das, was vor langer Zeit so selbstverständlich war, verloren, dass wir bewusst dahin zurückkehren müssen?

Den Atem zu beobachten, sein Steigen und Sinken, sein Kommen und Gehen, ist der einfachste Weg, um gegenwärtig zu sein. Man kann nicht in der Vergangenheit oder in der Zukunft atmen, hier gibt es keine Gedanken, nur einfaches Gewahrsein. Für manche ist das ein Gewahrsein des Körpers, der Empfindungen und Gefühle. Aber der Atem birgt auch ein Geheimnis, lange bekannt in der spirituellen Praxis. Der Atem verbindet die Welten miteinander – die äußere Welt der Sinne und die innere Welt der Seele. Mit jedem Einatem kehren wir zu unserer Seele zurück, bis der Ausatem uns wieder in die äußere Welt zieht. Geheimnis über Geheimnis, mit jedem einzelnen Atemzug.

Während unsere Kultur rastlos ist und voller zahlloser Aktivitäten, die den ursprünglichen Rhythmus des Lebens nicht achten, bringt uns der Atemrhythmus immer zurück zu diesem Ur-Rhythmus und Ur-Fluss, dem Kommen lassen, dem Gehen lassen und dem Warten. Wenn wir für das Atmen nicht unsere Willenskraft einsetzen, sondern geschehen lassen und uns diesem natürlichen Rhythmus hingeben – einatmen, ausatmen und der oft nicht beachtete Zwischenraum vor dem nächsten Einatem – dann kann uns der Atem zurück in Harmonie mit dem Leben bringen und zur Brücke zwischen Geist und Materie werden, wobei er die Essenz der Seele auf die schönste und sinnvollste Weise in die Schöpfung webt.

Und so enthält der lebendige Augenblick sowohl die physische Welt der Sinne wie auch das Mysterium der Seele und ist eine Dimension voller Sinn und spiritueller Geheimnisse. Es ist bedauerlich, dass unsere rationale Kultur so viel von dieser inneren Welt zensiert hat, ihre Symbole und ihre heilige Bedeutung. Dadurch kann der Augenblick nicht mehr atmen, ist im Ausatem gefangen und singt nicht mehr. Wenn ich im Abendlicht zwei Falken auf einem Ast sehe, wird etwas in mir berührt; es erinnert mich an die elementare Welt der Symbole und Zeichen. Ich gebe mir keine Mühe, das zu verstehen, sondern gestatte mir vielmehr, dass mir begegnet wird, dass in dieser ursprünglichen Sprache zu mir gesprochen wird. Das hilft mir, mich in einer Welt zu Hause zu fühlen, die mir immer fremder wird.

Dann ist es nicht schwer, sich an eine Welt zu erinnern, in der wir uns in ständiger Kommunion mit dem Innern befanden, als Symbole noch lebendig waren und das Heilige zu uns sang. War es der Fortschritt, der uns dieses elementare Verbundensein vergessen ließ? Ist er Teil unserer Reise der Trennung, die uns so weit von der Quelle weggeführt hat?

Bin ich im Augenblick gegenwärtig, gibt es weder Fragen noch Antworten, diese gehören zu meinem denkenden Verstand. Einfaches Gewahrsein ist anders, eher ein Zustand des Seins.

Dies sind die ausklingenden Tage des Spätsommers. Der Garten hat jetzt weniger Farben, die letzten gelben und rosa Blüten der Rosen. Die späten Kürbisse blühen noch. Die Äpfel und Tomaten färben sich rot. Mein einziger in die Zukunft gerichteter Gedanke ist, ob die beiden Krähen wieder alle unsere Äpfel anfressen werden, bevor sie ganz reif sind, wie das im letzten Jahr der Fall gewesen ist. Bald werden die Jahreszeiten wechseln und eine andere Textur haben. Hoffentlich kommt Regen. Stürme werden dann über den Pazifik hereinrollen, wilde Nächte bringen. Ich schätze mich sehr glücklich. Ich habe ein dichtes Dach über dem Kopf, ein warmes Bett und Essen im Kühlschrank. Ich weiß, dass eine halbe Welt weg, wo sich der Krieg in die Länge zieht, die Augenblicke grausamer sind, unmenschlich, voller Schmerz und Tränen, aber auch voller Mut und Hilfsbereitschaft. Und dies alles wegen einer alten Geschichte der Eroberung und Kontrolle. Dort müssen die Augenblicke so ganz anders sein als hier, in unserer kleinen Gemeinschaft am Ozean. Dort geht der Tod viel sichtbarer einher.

Während unsere Welt immer mehr außer Kontrolle gerät, bin ich privilegiert, in der Einfachheit ruhen zu können. Vielleicht ist es auch nur das, was passiert, wenn man älter wird und die täglichen Anforderungen wegfallen, wenn nur noch wenige Wünsche übrig sind. Dann ist alles, was bleibt, der Augenblick. Seit vielen Jahren schon praktiziere ich Sitz- und Gehmeditation. In Stille sitzen mit einem leeren Geist und immer tiefer in die Liebe und die Leere genommen zu werden. Und zu gehen, die Füße auf dem Boden, oft den Atem beobachtend, versuche ich auch hierbei meinen Geist leer zu halten, aber gegenwärtig zu sein. Ich kann denselben Weg all die Jahre immer wieder gehen, doch jeden Tag ist er anders – die Bewegung der Bäume, das Sonnenlicht auf den Blättern, die Wolkenstruktur. Die Zeit spricht zu mir, indem ich das Obst in Nachbars Garten heranreifen sehe. Ich verstehe nicht, warum die Leute durch die sozialen Medien scrollen müssen und sich über das ärgern, was es gar nicht gibt. Liebe, Freundschaft und Stille machen für mich Sinn.

Und doch mischt sich in den Augenblick oft die Trauer, die ich empfinde, den Schmerz darüber, wie wir diese wunderschöne Erde behandeln, dieses Wesen, das ich unter meinen Füßen fühle, wenn ich gehe. Trauer auch darüber, wie wir die innere Welt vernachlässigt haben, diesen Ort, wo sich Geist und Materie treffen. Jeder Augenblick ist auf so vielfältige Weise lebendig, deren Wahrnehmung wir offenbar vor langer Zeit verloren haben. Wenn ich gehe oder sitze, kann ich am Rande meines Blickfelds Träume, Visionen und unsichtbare Welten erkennen, ähnlich dem Moment, wenn man erwacht und die Träume noch sehr deutlich da sind, bevor der Tag sie verschluckt. Ich kann unter einem Baum sitzen und seine lebendige Gegenwart spüren, aber ich weiß auch, dass er einer ganzen Landschaft angehört, von der wir uns entfremdet haben. Ich stelle nicht zu viele Fragen, ziehe es vor zu beobachten und gegenwärtig zu sein. Aber ich frage mich doch, ob es unser Schicksal oder unsere Wahl gewesen ist, so weit von dem weg zu wandern, was immer um uns ist, was uns erhält und uns heiligen Sinn gibt. Hat unser Drang nach Fortschritt uns dazu gezwungen, so engstirnig in unserem Bewusstsein zu werden?

In manchen Augenblicken sind Erzählungen gegenwärtig, einige über Jahrhunderte gewobene Fäden. Hier, an der Bucht, sind es die Geschichten vom Land und seinen Jahreszeiten, von jenen, die Jahrtausende auf diesem Land einhergingen, die um die Rhythmen und die Lebenserhaltungsmuster wussten, wie sie jagen und fischen konnten, bis man sie vertrieb und ihnen Sprache und Gebräuche raubte. Die derzeitigen Geschichten sind auch präsent, die der Klimakrise, der Dürren und Hitzewellen und der Feuer, die jedes Jahr brennen. Und dann schwirren noch seltsame Verzerrungen durch die Gegend. Wenn mich eine Erzählung wirklich anzieht, dann ist es die für eine lebendige Zukunft – was wir erinnern müssen, um eine Gemeinschaft zu bilden, die das Land und seine Geistwesen respektiert, damit die Zukunft heilig werden kann. Etwas so Einfaches und doch leicht Vergessenes, versteckt wie der Rotwildpfad, den ich neulich am Rand meines Gartens entdeckte und der in den dichteren Wald führt.

In manchen Momenten bin ich in diesen Geschichten und frage mich, wie die Menschheit durch diese sich verändernde Landschaft wandern will, wie wir zurückwechseln können zu einer lebendigen Erde, zu einer Daseinsweise, die Ihre mehr-als-menschlichen Bewohner achtet. Aber wenn ich dann am Abend das Reh mit seinem Kitz das Gras fressen sehe oder auf meinem Morgengang bei einem Spinnennetz stehen bleibe, das mit Tautropfen funkelt, verschwinden diese Gedanken. Augenblick für Augenblick ist das Leben in einer Art und Weise jenseits meines begrenzten Verstehens lebendig. Es ist mit so vielen Fäden miteinander verbunden, Muster der Vernetzung, die sich ständig entwickeln. So ist die Welt immer gewesen. Wir treiben die Biosphäre vielleicht über Kipppunkte hinaus und in Feedbackschleifen hinein. Aber das bestreitet nicht ihr einfaches Wunder und ihre Muster der Regeneration.

Während ich in meinen letzten Lebensjahren durch dieses Stück Land wandere, mache ich mir keine Gedanken mehr über Aufgaben und Ziele, nicht einmal über spirituelle Ziele. Das sind nur noch Ideen, zurückgelassen am Wegesrand. Wenn ich einige dieser Jahre, dieser Tage, dieser Momente in der einfachen Gegenwart von dem, was immer um mich herum ist, verbringen kann, kommt das einer angeschlagenen Note gleich, die tief in meinem Sein mitschwingt. Dazu fällt mir ein chinesisches Gedicht ein:

> Zehntausend Blumen im Frühling,
>   der Mond im Herbst,
> eine kühle Brise im Sommer, Schnee im Winter.
> Ist dein Geist nicht von unnötigen Dingen getrübt,
> ist das die beste Jahreszeit in deinem Leben.

Wu Men[13]

Ich meditiere, ich bete, ich gieße das Gemüse im Garten. Wenn das erste Licht am Morgen kommt, bin ich oft wach und warte darauf, dass die Sonne die Hügel erst rosa und dann rot färbt. Wenn der Abend kommt und die untergehende Sonne sich von hinter dem Ozean spiegelt, warte ich auf den ersten Stern der Nacht. Manche Nacht kann ich die Milchstraße sehen, wie sie sich über den Himmel erstreckt. Ich bin glücklich mit Reis und Gemüse als Mittagessen, besonders mit Kürbis aus unserem Garten. Eine Scheibe Brot und Käse zu Abend, Brot, das meine Frau gebacken hat. Bald werde ich aus den grünen Tomaten, die nicht mehr gereift sind, Chutney machen.

DIE STERNE BEOBACHTEN

10

DIE STERNE BEOBACHTEN

Die Jahreszeiten wechseln, und der Sommer geht zu Ende. Hier an der Küste ist der Sommer die Zeit für Nebel, wobei die Sonne oft im Laufe des Vormittags durchbricht. Manchmal kehrt der Nebel gegen Abend zurück oder in den frühen Morgenstunden. Ohne den Nebel sind die Sterne wieder zu sehen, Welten jenseits unserer, die Milchstraße, die sich über den Himmel erstreckt. Ich kenne die Namen der Sternbilder nicht, aber die Milliarden Sterne sprechen zu mir, wie sie schon seit Ewigkeiten zur Menschheit gesprochen haben. Eine erhabene Weite, die leider durch die zahlreichen Quellen von Lichtverschmutzung inzwischen weniger zugänglich, weniger Teil unseres nächtlichen Panoramas ist. Der Nachthimmel verschwindet, 80% der Amerikaner und ein Drittel der Weltbevölkerung können die Milchstraße nicht mehr sehen. Wir können nicht mehr so leicht unseren Platz in dieser gewaltigen Ausdehnung erkennen.

Das Firmament, die Welt des Himmels und die Götter sprachen durch Omen. Unsere mikrokosmische Welt sah sich in der makrokosmischen Welt gespiegelt. Sternschnuppen bedeuteten Glück, während der Blutmond besondere Gebete erforderte. Ich weiß nichts über Omen und wenig darüber, wie unser Schicksal von den Sternen bestimmt sein mag. Aber ich spüre, dass die Verbindungsmuster, die zu unserer Welt gehören, nicht an der Oberfläche aufhören, sondern in den Weltraum hinausreichen. So, wie wir den Wirkungszusammenhang in unserem Ökosystem entdecken, so gehört auch unser Planet zu einem riesigen sich entwickelnden Muster. Deshalb liebe ich es, spät abends draußen zu stehen, in den Himmel zu schauen und die endlose Ausdehnung von Schönheit und Bedeutung zu betrachten.

Verfolgt man, wie sich die Klimakatastrophe um uns herum entwickelt, mit wöchentlichen, manchmal sogar täglichen Meldungen von neuen Extremen – von Hitzewellen und Überschwemmungen und schmelzenden Eismassen – werden wir uns dieses fragilen Netzes von Verbindungen bewusst, die zu unserer lebendigen Erde gehören. Und wir erkennen verspätet, wie die Menschheit diese Krise erzeugt hat. Vielleicht fangen wir an, etwas Verantwortung zu übernehmen wie die jungen Leute, die nach Klimagerechtigkeit rufen, weil sie verstanden haben, dass die ärmsten Länder der Welt mit dem geringsten CO_2-Ausstoß am meisten unter dem Klimawandel leiden.

Aber wenn ich die Milliarden von Sternen in der Milchstraße beobachte, nehme ich für einen Moment Abstand von der Dringlichkeit dieser Krise, die so viel von meiner Aufmerksamkeit beansprucht und so viel tägliche Trauer auslöst. Ich frage mich, ob es eine andere Dimension gibt, die diese Veränderungen der Erde als Teil eines ausgedehnteren kosmischen Musters sieht. Die Astronomie mag uns mehr und mehr über die Bewegungen der Sterne erklären, über dunkle Materie, schwarze Löcher und wie Galaxien verschmelzen. Aber mit der zensierten Wahrnehmung der Wissenschaften sagt sie nur wenig darüber, was diese Einblicke für die Seele oder die Seele der Welt bedeuten. Wir sind längst nicht mehr von einer Welt der Götter und Göttinnen umgeben, sondern eher von Himmelskörpern aus Wasserstoff und Helium.

Als Himmelsfrau auf die Erde fiel, wurden Himmel und Erde verbunden. Unser menschliches Leben war Teil eines Kosmos heiliger Bedeutung. Götter und Göttinnen sprachen zu uns. Unsere Seele, die Weltseele, die Sterne, der Mikrokosmos und der Makrokosmos waren nicht getrennt. Als mir zum ersten Mal die mit der Erde geschehenden archetypischen Veränderungen gezeigt wurden, war das Bild der Zukunft, das mir erschien, ein Kind mit Sternen in seinen Augen. Dieses Bild ist über dreißig Jahre bei mir geblieben, auch wenn unsere Welt dunkler und toxischer geworden ist. Es erinnert mich daran, dass die Erde Ihre eigene Geschichte hat, die zur Menschheit gehört, aber auch zu Dimensionen, die über unser gegenwärtiges Verstehen hinausgehen. Unsere gemeinsame Reise mit der Erde führt uns durch die Trümmer einer Zivilisation, die den Ökozid verursacht hat, aber sie verbindet uns auch wieder mit lange vergessenen Mustern, mit Mythen und heiliger Bedeutung, die unserem rationalen Verstand verloren gegangen sind, mit einer Landschaft, welche die Himmel umfasst.

Die Erde wandelt sich, und wir sind Teil dieser Veränderungen. Viele Veränderungen in Ihrer Biosphäre haben wir durch unsere Arroganz und unser ausbeuterisches Wirtschaften hervorgerufen. Wir haben das Verständnis für die alten Wege verloren, die manche indigenen Völker noch bewahren, die von den Mustern der Naturwelt wissen und wie sie mit heiliger Bedeutung verwoben sind. Die Erde schreit zu uns, dass wir umkehren sollen, uns wieder verbinden und erinnern. Unter der Oberfläche unserer zunehmend zerbrochenen Zivilisation gibt es ein Wissen, das wir brauchen, damit wir gemeinschaftlich in eine lebendige Zukunft reisen können, eine Zukunft, welche die mehr-als-menschliche Welt erhält, zu der auch wir gehören. Aber da wir nicht in die Vergangenheit zurückgehen können und die Menschheit und die Erde sich über die Jahrhunderte zu sehr verändert haben, ist unser Verständnis von Zukunft begrenzt – Vernunft und Wissenschaft erkennen nur ein Bruchstück dieses derzeitigen Wandels, welcher tief in den spirituellen Körper der Erde reicht.

Der Nachthimmel erzählt eine andere Geschichte, von Orten, an die nur unsere Imagination zu gelangen vermag. Er kann uns von unserer Hybris wegführen, dass wir der Mittelpunkt auf der Bühne sind, die Hauptrolle spielen. Es gibt so viele Muster kosmischer Bedeutung, zum Beispiel jene, die die Spirale der Sonnenblume mit der Spirale einer Galaxie und den neolithischen in Stein gehauenen Spiraldarstellungen verbinden. Die Erde ist Teil einer gewaltigen Geschichte, die, wie die Wissenschaft sagt, vor über dreizehn Milliarden Jahren mit dem Big Bang, dem Urknall, begann, als aus einem singulären unendlich heißen Punkt der Kosmos geboren wurde. Aber diese Erzählung spricht nur vom physikalischen Universum, nicht von den inneren Welten des Lichts und der Liebe, die der Seele angehören. Auch nicht von den archetypischen Energien, die der Schöpfung zugrunde liegen und die man sich als Götter und Göttinnen vorstellte. Diese Welten sind mit der physischen Welt verwoben, und Symbole und Zeichen sprechen von ihrer Existenz. Wollen wir uns die heilige Natur der Schöpfung zu eigen machen, müssen wir unser Bewusstsein erweitern und die unsichtbaren Welten einbeziehen – jene, von deren Dasein Schamanen, Seherinnen und Mystiker schon lange wussten und wissen. Die gegenwärtige Verschiebung im Erdbewusstsein ist multidimensional, und die Sterne haben schon immer von diesen anderen Wirklichkeiten erzählt.

Selbstverständlich fokussieren sich die meisten Menschen auf die Dringlichkeit der Klimakrise, besonders da sie sich auf unser tägliches Leben auszuwirken beginnt. Wenn es monatelang regnet und die Flüsse über ihre Ufer treten, geht es darum, die Familie ins Trockene zu bringen und zu ernähren. Aber es hat immer jene gegeben, deren Schicksal es ist, die Fäden zwischen den Welten zu halten, die Zeichen zu lesen und mit der heiligen Bedeutung verbunden zu bleiben, die unter den äußeren Ereignissen liegt. Thich Nhat Hanh hat diese Ereignisse »Glocken der Achtsamkeit«[14] genannt, die unsere Aufmerksamkeit wieder zurück zur Erde und unser essenzielles *Intersein* lenken. Gehen wir mit Gewahrsein, mit Trauer und Liebe, hört unsere Seele vielleicht eine Erzählung, die tiefer ist als die unseres Verstandes.

Und Teil dieser Erzählung ist, dass sich etwas innerhalb der Erde im Verhältnis zum Kosmos verlagert. Man kann jetzt von Raumfahrt fantasieren, Reisen zum Mars. Aber das hier ist viel wesentlicher, weil es zur Erde als einem lebendigen Wesen in einem lebendigen Kosmos gehört. Und wie sich Muster neu ausrichten. Das Kind mit den Sternen in seinen Augen trägt eine Botschaft, wie sich die archetypische Struktur der Erde verändert und jene Verschiebung mit Mustern verbunden ist, welche die Sterne einbeziehen. Wie eine andere Note zum Lied der Schöpfung gegeben wird, eine Note, welche weit durch den Kosmos schwingt.

Beobachtet man vom Rand der Welt, kann man die Muster sehen, die zu unserem menschlichen Schicksal gehören. Wir können zurückschauen und erkennen, wie ein magisches Gewahrsein des Lands und seiner vielfältigen Bewohner, das zu unserem früheren Bewusstsein gehörte, verloren ging, und wie Muster der Eroberung und Kontrolle sich ausbreiteten. Und wie wir in den letzten Jahrhunderten eine Welt der Maschinen kreierten, ein Monstrum, das das fragile Netz des Lebens zerstört und Mensch und Natur ausbeutet. Und selbst wenn uns jetzt die Auswirkungen auf unser Ökosystem bewusst werden, sind wir so abhängig von unserem Traum von Fortschritt, dass wir offensichtlich unfähig sind, diese Selbstzerstörung zu beenden. Das zukunftsweisende Buch *Grenzen des Wachstums*, das 1972 erschien[15], beschreibt klar, wie »die miteinander verflochtenen Ressourcen der Erde – das globale System der Natur, in dem wir leben – wahrscheinlich nicht mehr die gegenwärtigen Wachstumsraten von Wirtschaft und Bevölkerung verkraften kann … auch nicht mithilfe fortgeschrittener Technologien.« Aber seine Botschaft wurde rasch verworfen, als das Narrativ vom beständigen ökonomischen Wachstum unser vorherrschender Mythos wurde. Und während in den letzten Dekaden die wissenschaftlichen Erkenntnisse zunehmend belegen, dass wir Kipppunkte und Feedback-Schleifen in Gang setzen, erhöhen wir weiter unsere Kohlenstoffemissionen und fahren mit dem Abholzen von Urwäldern für Viehwirtschaft und Palmöl-Plantagen fort. Regierungen und Unternehmen zeigen wenig Anzeichen, dass sie bereit sind, die radikalen Schritte zu tun, die notwendig sind, um diese Katastrophe aufzuhalten. Doch wenn wir mit diesem »business as usual« fortfahren, wird der Temperaturanstieg um 2°C in den nächsten beiden Jahrzehnten eintreten.

Aber zwischen den Welten wird eine andere Geschichte erzählt, eine andere als die von der sinnlosen Zerstörung unseres gemeinsamen Hauses. Es geschehen grundlegende Veränderungen nicht allein in unserem Ökosystem, sondern in dem, wie die Welten zusammengewoben werden und was das für die Menschheit wie auch für die Erde bedeutet. Wir sind Zeugen eines Augenblicks in unserem gemeinsamen Schicksal, das Jahrtausende zurückreicht, lange vor unseren Geschichtsaufzeichnungen. Und dieser Augenblick wird für die kommenden Jahrhunderte, sogar für Jahrtausende Auswirkungen auf unser Schicksal haben. Deshalb ist es so wichtig, dass wir diesen Wandel bezeugen, die Verschiebungen fühlen, die tief unter unseren Füßen stattfinden, wie sich die Kräfte, die dem Ende einer Ära angehören, um uns herum konstellieren. Als das menschliche Bewusstsein erstmals erweckt wurde, webte es einen neuen Faden in die Geschichte der Erde, das

Gewahrwerden Ihrer Schönheit und Ihrer magischen Natur. Und jetzt spricht das Kind mit Sternen in seinen Augen für mich von einer anderen Bewusstseinsebene, die ins Leben kommen kann.

Es wird hart sein in den kommenden Jahren durch dieses Ödland zu wandern, und viele junge Leute spüren das heute. Es gibt keine nostalgische Rückkehr, insbesondere da die Auswirkungen steigender Temperaturen weiter zunehmen. Wir werden für unseren Missbrauch der Erde bezahlen müssen. Aber ich weise auch darauf hin, dass gerade eine andere Geschichte erzählt wird, die ebenfalls unsere Aufmerksamkeit, unsere Achtsamkeit braucht. Wenn wir uns nur auf Kohlenstoffemissionen und steigende Temperaturen fokussieren, bleiben wir in demselben zensierten Bewusstsein hängen, das uns von der magischen Erde abgeschnitten hat. Die Teilchenphysik erzählt uns, was die Yogis lange schon wussten: Es gibt eine unmittelbare Beziehung zwischen Bewusstsein und der Energiestruktur der Materie. Wir sind auf Weisen miteinander verbunden, die wir erst anfangen zu verstehen. Aus diesem Grund braucht die Erde unser Gewahrsein, nicht nur um den Ökozid aufzuhalten, sondern um Geburtshilfe für Ihre Transformation zu leisten.

Wenn ich den Nachthimmel beobachte, sind die Sterne jetzt zu sehen, nachdem der Sommernebel vorbei ist. Es sind viele Jahreszeiten, die sich um mich verändern. Der Spätsommer geht in den Herbst über, die letzten Tomaten und Kürbisse wollen im Garten geerntet werden, die Äpfel warten darauf, dass man sie pflückt, wenn die Krähen sie verschont haben. Dann ist da noch das Wissen, dass wir am Ende einer Ära sind, in der Todesspirale einer Zivilisation. Es dauert vielleicht noch Dekaden, bis sie endgültig stirbt, aber es gibt die Grundwahrheit, dass sie einfach untragbar ist. Unsere Geschichte des ewigen Wirtschaftswachstums und des materiellen Überflusses ist vorbei, auch wenn wir kollektiv noch abhängig bleiben. Wie wir den Übergang in eine neue Daseinsweise miteinander und mit der Erde vollziehen, ist ungewiss. Als die letzten römischen Legionen England verließen, wurden Städte rasch aufgegeben, weil die Leute zur Landwirtschaft als Lebensunterhalt für Jahrhunderte zurückkehrten. Das Licht der Zivilisation schien verloren, und die ständigen kriegerischen Auseinandersetzungen und Brutalitäten der lokalen Grundherren beherrschten das Land.

Hoffentlich wird diese Zeit zwischen den Epochen, dieses *bardo*, nicht so brutal werden, aber es wird eine Zeit radikaler Ungewissheit sein, bis in vielleicht zwei Jahrhunderten oder länger eine neue Zivilisation entsteht, die sich sehr von der jetzigen unterscheiden wird. Sie wird nicht durch ihre Bauwerke bekannt werden, sondern durch ihre Qualitäten von Mitgefühl und Güte und ein tiefes Wissen von der Einheit, die uns verbindet. Und auch durch ihre Art und Weise, wie sie mit dem Land umgeht. Auch das wird seine dunkle Seite haben, aber die Erde wird nicht mehr ausgebeutet werden. Das ist ein Schmerz und ein Leid, das die Menschheit nicht mehr wiederholen möchte. Manches Wissen wird in die Zukunft weitergereicht werden, während neues Wissen offenbart wird. Jede Ära hat die ihr eigene Qualität von Erkenntnis.

Ob die Härte der kommenden Jahre – Klimakrise, Hunger, Geflüchtete, möglicher sozialer Zusammenbruch – eine Wahl war, die wir getroffen haben, oder ob wir von Kräften getrieben wurden, die wir nicht mehr kontrollieren konnten, ist unklar. Müssen wir bis zum Rand der Auslöschung gehen, bevor wir zum lebendigen Land umkehren, zu einer lebenserhaltenden statt lebenszerstörenden Daseinsweise? Müssen wir die heilige Natur der Schöpfung ganz vergessen, bevor wir uns wieder erinnern? Hoffentlich werden die Enkelkinder unserer Enkel und Enkelinnen mit Mitgefühl und Verständnis zurückschauen, während die Wälder wieder heranwachsen und die wilden Orte zurückkehren.

In dieser Reihe von Beiträgen habe ich auch darauf hingewiesen, dass es eine andere Dimension dieser Erdveränderungen gibt, die zur spirituellen Natur der Erde gehört, wie Sie sich transformiert. Eine neue Note ist in der Achse der Liebe gegenwärtig und zieht sich durch die Schöpfung, ein Feiern der Einheit des Lebens. Und die Erde schreit nach uns, damit wir uns wieder an Ihre heilige Natur erinnern, damit wir teilhaben können und unser Bewusstseinsfunke helfen kann, das Licht in der Materie zu erwecken, was die Alchemisten *lumen naturae* nannten. Wir sind an einem entscheidenden Zeitpunkt unserer Reise mit der Erde. Ihre magische Natur schlummert seit Jahrhunderten, Ihr spiritueller Körper ist verborgen. Die Kraftzentren, die das Land durchzogen und durch Steinkreise, heilige Berge und Tempel gekennzeichnet waren, sind vergessen. Unser kollektives Bewusstsein hat diese Erinnerungen ausgelöscht, zusammen mit alten Bibliotheken, die verbrannt wurden und spirituellen Lehren, die verloren gingen.

Mein Gefühl ist, dass wir, wenn wir aufmerksam sind und mit offenem Herzen hinhören, in der Lage sein werden, teilzuhaben, wie schon Tausende Jahre zuvor, als wir der Erde mit den heiligen Namen der Schöpfung erwachen halfen. Die Erde wartet auf uns, gegenwärtig zu sein an dem Ort, wo die Welten zusammenkommen, wo neue Fäden in Ihren spirituellen wie auch physischen Körper gewoben werden. Unsere Liebe für die Erde ist das, was am wesentlichsten ist und Ihr helfen wird zu heilen und sich zu transformieren. Das Herz hält das tiefste Geheimnis des Menschseins, die Verbindungen zwischen verschiedenen Ebenen der Wirklichkeit wie auch unsere unmittelbare Verbindung zum Göttlichen – wie wir alle das Eine Sein sind, unendlich und ewig.

Durch unsere Liebe und durch Handlungen, die unsere Liebe widerspiegeln, können wir der Erde helfen, sich neu auszurichten, wieder zu erwachen, auch wenn wir dieses Mysterium nicht ganz verstehen. Unser Herz und das Herz der Welt sind nicht getrennt, und so können sie zusammen singen. Und dieses Lied gehört nicht allein zu unserer menschlichen Erfahrung, sondern vermag tief in den Kosmos hinein zu reichen und inmitten der Sterne zu schwingen. Jetzt müssen wir erst einmal sorgsam gehen, aufmerksam für unser geschädigtes Ökosystem, und dabei die Sprache des Heiligen wieder erlernen, ihre Zeichen und Symbole. Wir müssen wieder lernen, wie man die Jahreszeiten des Lands und der Weltseele beobachtet, und wir können dabei spüren, wie Himmel und Erde verbunden sind, wie die Muster der Sterne und das Netz des Lebens einander spiegeln. Auch wenn unser Verstand es nicht erfasst, so lässt es sich doch erfühlen. Wir leben in einem kleineren Spiralarm der Galaxie der Milchstraße, dem Orion-Arm, etwa 26 000 Lichtjahre vom Zentrum der Galaxie entfernt. Und das einfache Bild von einem Kind mit Sternen in seinen Augen erzählt von einer lebendigen Zukunft, in der wir zu diesem sich ausdehnenden Universum gehören. Während ich den Nachthimmel beobachte, sehe ich den blassen weißen Schimmer unserer Galaxie, die sich über den Himmel erstreckt, unsere Heimat inmitten von Milliarden von Welten.

GRUNDLAGEN FÜR EINE NEUE ÄRA

11

GRUNDLAGEN FÜR EINE NEUE ÄRA

Dieser Beitrag ist der kürzeste, aber in vielfacher Hinsicht der wesentlichste. Eines Morgens im Spätsommer wachte ich lange vor der Morgendämmerung auf mit dem klaren Wissen von den grundlegenden Qualitäten, die zur nächsten Ära gehören. Ich gebe sie hier einfach, mit nur wenigen Ausführungen, wieder, um sie auf die Weise zu vermitteln, wie sie zu mir kamen.

Die nächste Ära wird sieben grundlegende Qualitäten haben:

1. Respekt für Frauen und für die weiblichen Prinzipien wie Empfänglichkeit, Geduld, nährende Fürsorge, Zuhören (mit den Sinnen, der Seele und dem Herzen). Das bedeutet nicht,

dass wir zu einer matriarchalischen Ära zurückkehren, aber die patriarchale Unterdrückung in all ihren Ausformungen wird nicht mehr Teil unserer Kultur sein. Ohne die Rückkehr des Weiblichen kann nichts Neues geboren werden, noch werden wir in der Lage sein, eine neue Weise des Daseins mit der Erde zu fördern.

2. Das Land als heilig zu respektieren und verschiedene neue und alte Methoden zu entwickeln, um zusammen mit der Erde in Harmonie mit der Biodiversität des Lebens und seiner Vernetzung zu arbeiten.

3. Die Zeit nicht mehr als linear aufzufassen, sondern eine Rückkehr zu den Rhythmen und Mustern der Natur, den Jahreszeiten, dass der Frühling auf den Winter folgt, aber auch unsere Verortung in anderen Mustern der Zeit, in unserem Körper und in der uns umgebenden Welt, zum Beispiel dem Zunehmen und Abnehmen des Mondes und den Jahreszeiten unseres menschlichen Lebens. Durch diese Qualität wird das menschliche Leben nicht mehr als Teil der linearen Vorstellung von Fortschritt gesehen, stattdessen werden wir in Harmonie mit den vielen verschiedenen Rhythmen der Zeit leben und

unseren Platz innerhalb der Natur und des Kosmos erkennen. Das wird uns auch helfen, mehr im gegenwärtigen Augenblick zu leben.

4. Die kommende Ära wird nicht hierarchisch sein. Wie die derzeitigen Hierarchien, ihre Machtdynamiken und Kontrollmuster, zerfallen, wird eine der entscheidendsten Erfahrungen der kommenden Dekaden sein, gerade wenn neue, nicht hierarchische Wege des Zusammenlebens und der Zusammenarbeit entstehen, die oft auf Versuche aufgebaut sind wie Saatgutgärtnereien für die kommende Ära.

5. Es wird ein Fokus auf der Bildung von Gemeinschaften aller Arten liegen, die sich auf organische Weise verbinden können und wie natürliche Systeme vernetzt und voneinander abhängig sein werden.

6. Einheit wird das grundlegende Prinzip sein. Niemand wird ausgeschlossen sein, alles und jeder und jede wird den eigenen Platz haben und selbstverständlich für das eigene Wesen anerkannt werden, für die eigene Note in der Symphonie der Schöpfung. Das wird das Einfachste und zugleich das Schwie-

rigste sein, denn das ist gegenläufig zu so vielen Mustern menschlichen Verhaltens in unserer Zeit. Aber mit diesem Prinzip können sich das Leben und die Menschheit reorganisieren und auf neuen Wegen zu neuen Mustern und Verbindungen konstellieren, welche die Einheit widerspiegeln, die allem Leben eigen ist.

7. Liebe und liebevolles Sorgen füreinander und für die Erde wird das zentrale spirituelle Prinzip sein. Das wird das Göttliche auf neue Weise wiedererwecken und uns zur Erfahrung göttlicher Gegenwart zurückführen.

Diese sieben Qualitäten werden in einer neuen Weise des Seins zusammengehalten, einem neuen Raum, der mit dem Kosmos verbunden ist. Durch alles wird die Achse der Liebe verlaufen, vom Zentrum der Erde zum Zentrum des Kosmos und in jeder Zelle der Schöpfung gegenwärtig sein.

Durch diese grundlegenden Qualitäten wird sich das Leben in einer Art und Weise regenerieren, die wir uns derzeit nicht einmal vorstellen können. Es wird zum Beispiel Quellen nicht verschmutzender Energie geben, die frei zugänglich sind. Wie lange es dauern wird, bis diese neue Zivilisation sich voll entwickelt, ist nicht bekannt, aber soviel ich weiß, wird sie innerhalb von zwei Jahrhunderten sichtbar zu werden beginnen. Die nächsten 100 bis 130 Jahre werden eine Zeit wachsender Unsicherheit, Unruhen und Chaos sein, und dann wird daraus allmählich eine neue Zivilisation erscheinen, die ganz anders ist als die jetzige.

DEM
WIND
LAUSCHEN

12

DEM WIND LAUSCHEN

IM VORFRÜHLING GESCHRIEBEN

Heute bin ich zu dem Geschäft mit dem Landwirtschaftsbedarf gefahren, um Pflanzerde für die über den Garten verteilten Blumenkübel zu holen, damit sie mit Pfingstrosen gefüllt werden – rosa, gelb, orange und weiß –, die nach dem Winter Duft und Farben zurückbringen werden. Und ich habe auch ein Glas lokalen Honig gekauft für mein Frühstück mit Haferbrei an diesen frühen Vormittagen, wo noch Raureif die Felder überzieht. Diese Dinge bringen mich zu dem zurück, was einfach ist, wesentlich, wie die Erde zwischen meinen Fingern zu spüren, wenn ich die Blumen einsetze. Sie erzählen von den Kreisläufen der Natur, die tief in den Boden und die Seele reichen und uns auf verborgene Weise nähren, ein regenerierender Ausgleich zu der Dystopie, die in unsere Welt eingesickert ist.

Zu lange bin ich zwischen den Welten gewandert, habe zu weit in die Zukunft geschaut und gesehen, wie eine Welt auseinanderfällt, und hatte Visionen von einer anderen, die inmitten der Trümmer geboren wird. Als der Lakota-Medizinmann Black Elk sah: »Der Ring des Volkes ist zerbrochen und zerfallen. Es gibt keine Mitte mehr und der heilige Baum ist tot«[16], wie sehr hat dieser »Tod eines Traums« ein Wundmal auf seiner Seele hinterlassen? Er sah den Untergang seines Volkes, den Verlust ihres heiligen Zentrums. Wie hat er diese Vision, dieses von außerhalb der Zeit geborene Wissen getragen und später miterlebt, wie sie sich über die Jahre mit Blut und Tränen, mit dem Massaker von Wounded Knee erfüllte?

Manchmal wünsche ich mir, ich könnte nur ein einfaches Leben führen, wie ich das in meinen Zwanzigern tat, Shakespeare unterrichten und Teenager in die Dichtkunst einführen. Samstags zum Markt gehen, im Garten arbeiten, Gemüse ziehen, im Herbst Tomaten und Kürbis kochen, meine Kinder und dann die Enkelkinder heranwachsen sehen und nichts von diesen ausgedehnteren Horizonten erfahren – simpler Austausch, wie in dem Geschäft heute Morgen, oder dem

Rotwild beim Grasen zuschauen, über die Pfade inmitten der Bäume zu wandern. Ich erinnere mich, wie ich, als ich noch jünger war, unsere Kinder zum Park brachte, wo wir Drachen hoch über London steigen ließen, und an Gute-Nacht-Geschichten. Das war das Blickfeld in meinem Leben, bevor die Visionen auftauchten, bevor die Dunkelheit zunahm.

Jetzt, als alter Mann, bin ich unermesslich müde. Ich sehe zu viele Träume, die gestohlen oder zerschlagen werden, in einer Welt, in der junge Menschen um ihre Zukunft bangen, um die Welt, die sie bewohnen werden, um das Land, in dem sie werden wandeln müssen. In einigen wenigen Jahrzehnten haben wir so viel Schönheit und Wildnis verloren, haben wir unser Erbe verkauft oder es uns rauben lassen. Wir haben den Ring zerbrochen, als wir den Boden, das Meer und die Luft verseuchten. Wir können uns nicht mehr darauf berufen, wir hätten es nicht gewusst, seien nicht schuld daran. Indem wir Auto fahren, fliegen, online-shoppen, Plastik und Palmöl verwenden, sind wir alle Komplizen in diesem Ökozid. Und im Land und in der Seele ist eine tiefe Trauer, die mit dem zusammenhängt, was wir getan haben.

Die Endgültigkeit dieses Geschehens ist erdrückend. Es geht nicht nur darum, dass Land vergiftet wird, dass die

Weltseele in Trauer ist, weil wir ihre heilige Natur unaufhörlich schänden. Nicht allein darum, dass die letzten Tage einer Ära der Ausbeutung und der ausschließlichen Profitgier angebrochen sind, sondern um einen viel tieferen, dunkleren Schatten, den unsere Welt durchreist. In früheren Zeiten hätten Schamaninnen oder Medizinmänner wie Black Elk diesen Schatten in ihrer Trance oder ihren Visionen gesehen. Sie hätten zu denen, die nicht geboren und die nicht sterben werden, gesprochen, hätten einer unsichtbaren Welt zugehört und ihre Zeichen gelesen. Aber heutzutage wissen wir nichts von diesen Welten, auch wenn sie uns in unseren Träumen heimsuchen und Verschwörungstheorien nähren. Blind spazieren wir in eine Zukunft, ohne dem Wind zu lauschen, ohne Zugang zu den Welten zu haben, wo die Pferde singen.

Wie können wir Übergangsriten ohne unsere Träume vollziehen? Wie können wir in den nächsten Dekaden den Traumpfaden folgen? Die Geschichten in den Nachrichten sagen nichts über unser wirkliches Schicksal, sie wiederholen lediglich die Meme einer Zivilisation, die ihren Weg verloren hat, ihre Hysterie der Hashtags. Dabei entfaltet sich überall um uns herum eine Geschichte, die zum Teil in der sich beschleunigenden Klimakatastrophe sichtbar wird, die aber auch den tieferen Dimensionen unserer kollektiven Psyche und der Weltseele angehört. Der Krieg in der Ukraine zeigt, wie die alte Geschichte von Imperium und Eroberung einer entmenschlichenden Finsternis Gestalt gibt – sinnloses Töten, Folter und Vergewaltigungen. Überall auf der Welt finden sich weitere patriarchale Geschichten von alten Männern in Machtpositionen, die aus Angst vor einer Zukunft, die sie nicht kontrollieren können, mit Gewalt Ideologien aufzwingen. Diese kollidierenden Kräfte sind weder politisch, noch sozial oder ökonomisch, sondern gehören zu der Art und Weise, wie Energie aus den Tiefen der archetypischen Welt aufsteigt, den Orten, wo einst die Götter und Göttinnen wohnten. Doch wir sprechen nicht mehr von diesen Göttern oder hören auf ihre Geschichten. Wir leben auf der Oberfläche der Welt mit unseren Fantasien von einer Zukunft mit künstlicher Intelligenz und ohne Bewusstsein für den Boden unter unseren Füßen, ohne Gewahrwerden der wirklichen Veränderungen, die stattfinden.

Es gibt zwei Reaktionen auf diese herausfordernden Zeiten. Wie können wir Mauern *gegen* die steigenden Meere, gegen die hereinbrechenden Stürme errichten? Wie können wir die Massenzuwanderung und all die wegen des Klimas Fliehenden aufhalten, die über die Kontinente strömen werden und die als Bedrohung unserer Lebensweise gelten? Oder wie können wir *mit* den eintretenden Veränderungen gehen und keine Mauern oder Bunker bauen, sondern mit den Energiemustern des Lebens zusammenwirken, wenn sie sich wandeln und unsere Welt verändern? Vielleicht ist das zu bedrohlich für jene, die durch alte Muster von Kolonialisierung und Kommerz zu Wohlstand gekommen sind, aber es ist nicht zu simpel zu sagen, dass du, wenn du dich nicht veränderst, sterben wirst – du wirst zu einer sterbenden Welt gehören, zu einem sich zunehmend verfinsternden Ödland.

Bei meinen Wanderungen zwischen den Welten habe ich die Grundmuster beobachtet, die zu dieser sich verändernden Landschaft gehören, diese Kräfte, die sich wie weitab von der Küste aufbauende Stürme konstellieren. Ich weiß, dass wir trotz unserer Kontrollmechanismen, unseres Glaubens an die Wissenschaften und Technologien diese Veränderungen nicht aufhalten können, da sie zur Energie des Lebens selbst gehören, die jetzt in neue Flussbetten, in neu entstehende Muster strömt. Die Trauer, die ich empfinde, rührt daher, dass ich Zeuge bin von unserem Widerstand gegen diese Veränderungen, wie auch von unserem Leugnen des Klimawandels und dem Fehlen einer Begrenzung des Wachstums, was in den letzten

Jahrzehnten das fragile Netz des Lebens zum Reißen gebracht hat und die Erde schreien lässt.

In meinen neueren Beiträgen habe ich angedeutet, dass es eine Möglichkeit gibt, mit diesen Veränderungen zu arbeiten, einen Pfad zu betreten, der aus unserer derzeitigen Ödnis in eine lebendige Zukunft führt. Mir ist klar, dass nur wenige diesem Weg folgen werden, weil er zu einfach, zu natürlich und von daher leicht zu übersehen ist. Er kann nicht auf den sozialen Medien wie TikTok oder Twitter gefunden werden. Er ist keine Lösung eines Problems, denn die lebendige Erde ist kein Problem, das zu lösen gilt, eher weist er darauf hin, sich wieder mit dem zu verbinden, was bereits um uns herum da ist. Es ist ein Weg, der organischen Beschaffenheit des Lebens zu vertrauen, dieser Qualität, die in unsere Träume wie auch in unsere Sinne eingewoben ist.

Es gibt die grundlegende Überzeugung, dass sich das Leben selbst erneuern kann, indem es uralten Mustern folgt, die auch zu unserer Zukunft gehören – die einfache Einsicht, dass wir alle Teil eines einzigen, lebenden Ökosystems mit einer eigenen Intelligenz sind. Wir sind, entgegen unserer früheren Glaubensmuster, weder besser, noch übergeordnet, noch getrennt von der Welt um uns herum, und wir können es uns nicht länger leisten, uns dem lebenden System, welches wir Erde nennen, aufzuzwingen. Wir müssen von neuem lernen, den Flüssen und dem Wind zu lauschen, das Gras wachsen zu hören. Und wir müssen das Tor zu den visionären Welten öffnen, die unsere Vorfahren leiteten und von denen wir uns schmerzlich ausgeschlossen haben. Wir müssen wieder lernen, in beiden Welten zu wandern – auf dem Boden unter unseren Füßen und an den Orten, wo die Pferde singen, wo die Traumpfade sind, wo das Heilige zu uns spricht, wie es zu unseren Ältesten gesprochen hat.

Ja, wir werden durch das Schattenreich unserer Gier ziehen müssen, der Dunkelheit, die wir erschaffen haben mit unserem endlosen Verlangen, das nicht Sorge trug für das Wohlergehen anderer oder der Erde. Wir werden den Preis dafür bezahlen müssen, dass wir das heilige Wesen der Schöpfung vergessen haben. Es kann nicht anders sein. Aber wie lange wir im Winter unserer Welt zu warten haben, hängt davon ab, wie wir auf die bereits geschehenden Veränderungen antworten. Der Frühling *wird* kommen, eines Tages wird er da sein, und die Farben werden sich wieder zeigen, numinos und vibrierend. Aber wir werden nicht dem Verfall einer Zivilisation entgehen können, die alles versucht hat, die Welt mit ihrem Bild vom Fortschritt zu versklaven, dieser Maschinerie, der wir huldigen.

In den zeitigen Frühlingstagen waren die Narzissen, die ich im Herbst gesetzt hatte, die ersten Blumen, die blühten, strahlendes Gelb quer durch den Garten. Dieses einfache Fest der Farbe berührte mich, rief mich, glich die dunklen Träume aus, die ich beschrieben habe. Wenige, sich zur Sonne hin öffnende Blüten, teilweise mitgenommen durch die Frühlingsregengüsse, antworteten auf das, was ungesagt war – sprachen die einfache Wahrheit von der Schönheit und Regenerationskraft des Lebens aus. Ich werde nicht so lange hier sein, um den Großen Frühling zu erleben, noch werden es die Enkelkinder meiner Enkelkinder. Aber ich kann lernen, mit leichteren Schritten durch diese immer finsterer werdenden Tage zu gehen in dem Wissen, dass wir alle Teil eines Mysteriums sind, so ungeheuer viel größer, als der kleine Geist das jemals zu fassen vermag. Dann ist jeder Schritt heilig, auch wenn der derzeitige Winter wenig Anzeichen für die Wende zum Frühling zeigt.

LIEBE
UND
GEBET

13

LIEBE UND GEBET

Eine meiner liebsten Praktiken oder Gebete ist es, mir vorzustellen, wie ich die Welt tief in mein Herz nehme und dabei diese Liebe zu fühlen, die alles durchzieht – jeden Vogel, jeden Schmetterling, die Bäume, den Ozean, die Streifenhörnchen, die nach ihrer Winterruhe gerade erst wieder im Garten aufgetaucht sind, das auf den Schulbus wartende noch verschlafene Mädchen, an dem ich auf meiner Morgenrunde vorbeikomme. Alles, jeder Traum, jede vorüberziehende Wolke ist von Liebe durchdrungen, ist ein Ausdruck der Liebe. Liebe ist die Quelle alles Existierenden, *ist* alles, was da ist. Dieses ursprüngliche mystische Gewahrsein ist in meine Seele und mein Bewusstsein eingeprägt und begleitet mich durch den Tag, besonders jedoch in den frühen Morgenstunden, wenn mich das Beten ergreift, wenn die Welt der Gedanken verblasst ist und die Gegenwart des Herzens alles ist, worauf es ankommt.

Die Wissenschaftlerinnen und Wissenschaftler mögen uns erzählen, dass unser Universum mit dem Urknall vor dreizehn Milliarden Jahren entstanden ist, als Materie von einem ungeheuer heißen und dichten Punkt in die Existenz kam. Aber die Mystiker und Mystikerinnen kennen eine andere Wahrheit: wie aus einer ungeborenen und unsterblichen Leere heraus das Dasein unaufhörlich als ein Fluss von Licht und Liebe geschaffen wird und dann seine physische Form erhält. Und diese Liebe bleibt, ist die Grundlage, die Essenz von allem – von jedem Teilchen, jedem Stern. Sie ist die Urenergie, die eigentliche Macht und Gegenwart in der geschaffenen Welt. Und sie ist unsere göttliche Natur, die sich immer in unserem Körper und unserer Seele weiterentwickelt, auch wenn sie selber konstant bleibt.

In der Welt von heute wird die Liebe im Zusammenhang mit persönlicher Beziehung gesehen. Wir suchen sie in einem Liebhaber oder in einer Liebhaberin, erfahren sie in der Zärtlichkeit einer Mutter oder eines Vaters. Wir verbinden sie mit Leidenschaft, Verlangen oder Sex, obwohl ihre Essenz ganz anders ist. In meiner Kindheit habe ich nie Liebe erfahren, nie die Worte: »Ich liebe dich« gehört. Ich denke, meine Eltern wussten überhaupt nicht, dass sie existierte. Stattdessen erlebte ich eine kühle gehobene Mittelschicht-Kindheit mit Internat, kalten Bädern und endlosem Sport auf matschigen Plätzen. Aber in meinen späten Teenagerjahren klopfte die Liebe bei mir an, sang ihren Namen und zog mich tief ins Herz.

Die Liebe ruft uns auf verschiedenste Weisen. Wie Rumi sagt:

> Sultan, Heiliger, Taschendieb,
> die Liebe packt jeden beim Ohr,
> zieht uns auf geheime Weisen zu Gott.[17]

Während viele Leute in dem Gewirr der menschlichen Beziehungen nach Liebe suchen, erfuhr ich die Liebe und die Sehnsucht nach der Liebe zu Füßen meiner Lehrerin, einer weißhaarigen russischen Frau, gerade erst aus Indien zurückgekehrt, wo sie von einem Sufi-Meister geschult worden war. In ihrem kleinen Zimmer dicht bei den Bahnschienen in Nord-London war diese unsichtbare Essenz gegenwärtig, greifbar. Hier geschah es, dass die Liebe in mir durch die einfache Praxis, zu Füßen meiner Lehrerin zu sitzen und auf das Herz zu meditieren, erweckt wurde, entsprechend der alten Sufi-Tradition der göttlichen Liebe, des Geheimnisses der Geheimnisse. Die Liebe spricht zu unserer Seele und zu unserem Körper. Die Liebe schließt alle Sinne mit ein – Schmecken, Tasten, Riechen, Sehen und Hören. Die Liebe umfasst von ihrer Natur her alles. Sie kann überall gefunden werden, denn sie ist überall. Die Mystikerin enthüllt dieses einfache Geheimnis, dass die Liebe in Wahrheit alles durchströmt – süß, zärtlich, schmerzhaft, wissend, wie auch dunkel und leidenschaftlich. Und wenn diese Urenergie, diese größte Kraft in uns erwacht, in unserem Herzen, in unserer Seele, dann zieht sie uns immer tiefer in ihr Geheimnis, in das Geheimnis des Einsseins, was die Sufis die Einheit des Seins nennen.

Meine eigene Reise führte mich von der Formlosigkeit zur Form. Ich war, als ich meiner Lehrerin damals begegnete, ein intensiver junger Mann und suchte nur in tiefer Meditation nach der Liebe im Herzen. Doch dann verliebte ich mich und wurde wach für die Schönheit einer Frau, für die weibliche Seite der Liebe und der Sehnsucht. Ich wurde durch die Augen einer Frau und ein Sehnen im Herzen in dieses Mysterium geführt. Ich erfuhr, was spirituelle Texte mich nicht lehren konnten. Die göttliche Liebe ist eine spirituelle und körperliche Erfahrung, und in einer Frau sind beide vereint, Körper und Seele. Eines der tiefsten Geheimnisse des Weiblichen, das Geheimnis der Schöpfung und ihrer essenziellen Substanz. Ohne diese Qualität des Weiblichen gäbe es keine Freude, die Magie des Lebens wäre nicht gegenwärtig. Farben und Düfte würden sich in dumpfen und grauen Tagen verlieren.

Und jetzt, als alter Mann, finde ich dieses Geheimnis der Schöpfung überall um mich herum. Es geht mit mir am frühen Morgen an der Bucht, wenn ich sehe, wie die Perlhühner den Pfad hinunterhasten, die jungen Kaninchen in ihr Versteck hoppeln, die Coyoten im nahen Feld auf der Pirsch sind oder wenn ich kurz einen Flussotter erblicke, die Nase knapp über dem Wasser. Und in der Tiefe der Nacht erfahre ich diese Liebe sowohl in der Leere wie auch in der Welt der Formen.

Ich wurde als Fremder der Liebe geboren, kannte ihre Bedeutung nicht, wusste nicht einmal, dass es sie gab. Über zwanzig Jahre vergingen in einer trüben, grauen Welt, bevor mich das Verlangen nach der Wahrheit zur Liebe führte. Und was jetzt, eine Lebensspanne später, wirklich geblieben ist, scheint diese mich stützende Qualität der Liebe zu sein. Nach einer so langen Reise – oft müde und mit dem Wunsch, einfach nur auszuruhen – kehre ich zur Liebe zurück. Oder die Liebe kehrt zurück. Und diese Liebe schließt alles mit ein. Sie gehört nicht nur zu einer zwischenmenschlichen Beziehung oder zu einer inneren Beziehung zu Gott; sie ist eine Liebe, die alles ist, die alles durchströmt, was existiert – süß, zärtlich, schmerzlich, wissend. Oder einfach nur eine Gegenwart im Herzen, eine weiche Wärme, die manchmal Seligkeit bringt.

Und die Liebe ist gratis, ein Geschenk für jeden und jede von uns. Auch wenn sie Blut kostet und ein gebrochenes Herz, ist sie doch unentgeltlich. Die Liebe ist das Leben, das zu seiner Geliebten spricht, und die Geliebte, die zum Leben spricht. Und in dieser Unterhaltung können so viele Dinge geschehen, können so viele Wunder geboren werden – die kleinen unerwarteten Wunder, die wir oft gar nicht bemerken wie ein Moment Sonnenlicht durch die Wolken, wie eine aus einem Sämling gewachsene Blume, die aufblüht, das Lächeln eines Fremden. Diese Welt ist vollgesogen mit der göttlichen Qualität, die darauf wartet, geboren, in die Existenz gebracht, ins Dasein hineingeliebt zu werden. Und einfach nur Teil davon zu sein, ist genug, ist eine Geschichte, die im Herzen singt.

Ja, die Welt ist voller Zwietracht und Leid, voller Blut und Tränen, eine Bombe, die auf einen Marktplatz fällt, die

Mutter, deren verhungerndes Kind in ihren Armen stirbt. Dieser Schmerz ist real. Und ich versuche nicht zu verstehen, wie dies alles aus der Liebe geboren wird, ein Ausdruck der Liebe ist. Ich erinnere mich, dass ich einmal, als ich aus tiefstem Inneren für die Leidenden betete, eine kleine Stimme in meinem Herzen sagen hörte: »Glaubst du etwa, ich würde diese Menschen nicht lieben?« Aber wie all dieses Leiden zu Gott gehört und auch ein Ausdruck göttlicher Liebe ist, bleibt ein Mysterium, das mein Geist nicht fassen kann, auch wenn mein Herz zu Orten genommen wurde, wo allein dieses tiefere Einssein wirklich ist.

Und so werde ich, wenn ich in der Nacht wach bin und für die Welt bete, besonders zu Orten der Dunkelheit und des Leids gezogen, zu Krieg und Ungerechtigkeit, zu denen, die für Freiheit kämpfen oder demonstrieren, zu denen ohne Essen oder Obdach. Und in meinem Herzen fühle ich, wie die Erde zerrissen wird – Artenvielfalt und wilde Schönheit verloren gehen. Durch all das hindurch bleibt die Liebe erhalten, die einzige Konstante, der einzige Trost, das tiefere Wissen um unsere göttliche Natur: dass wir alle aus der Liebe kommen und in die Liebe zurückkehren werden.

Diese Reise hat mich von der Formlosigkeit zur Form geführt, zu des Lebens endloser Vielfalt, wunderschön, numinos und völlig alltäglich. Und dann zurück in die grenzenlose Leere des Jenseits. Die Liebe weint und oft fühlt sich mein Herz gebrochen. Ich spüre, dass die Liebe das einzige ist, was wir wirklich zu geben haben, und dass das der Sinn hinter jeder Erfahrung ist, die unsere Seele berührt. Die Liebe ist des Lebens größtes Geschenk und unser größtes Geschenk zurück an das Leben. Und besonders in dieser Zeit ruft das Leben, die Erde, danach, geliebt zu werden, im Herzen gehalten, damit dieser Faden der Liebe, der in der gesamten Schöpfung gegenwärtig ist, sie in Ihrer Krise unterstützen kann, auf dass damit begonnen wird, eine neue Erzählung für die Menschheit und die Erde in den Stoff der Existenz zu weben.

So wende ich in der Nacht, in den leeren Stunden nach Mitternacht, eine Zeit, die als »machtvoll für mitternächtliches Beten« bekannt ist, wenn die Gebete besonders wirkungsvoll sind, meine Aufmerksamkeit der Erde und dem Herzen zu, richte mich auf den Liebesfluss aus, der vom Jenseits in die Existenz kommt, und weiß dabei nur, dass dies ein Mysterium ist, dem ich angehöre, was in der zärtlichen Berührung eines oder einer Geliebten zu fühlen ist wie auch in den riesigen Räumen, wo die Sterne geboren werden.

ENGEL
UND
DEVAS

14

ENGEL UND DEVAS

Als ich vor einigen Jahren in der Vorfrühlingssonne am Strand entlangging und die Wellen beobachtete, wie sie auf dem Sand übereinander rollten, fand ich mich plötzlich in eine innere Dimension des Lichts genommen und von Lichtwesen umgeben. Sie übermittelten mir, dass sie verwirrt und beunruhigt seien. Sie verstanden nicht, was geschah. Es sollte eine Zeit sein, wo die Welten zusammenkommen, wo die Menschheit und die inneren Welten in Gemeinschaft, in bewusster Verbindung sind. Und doch sah es danach aus, als hätte sich die Menschheit von den inneren Welten abgewendet, als würde sie nicht in diese Verbindung gehen. Dann spürte ich wieder meine Füße auf dem Sand, hörte wieder das Geräusch der Wellen und wunderte mich über das, was mir gezeigt und gesagt worden war.

Ich war in einer eindimensionalen Welt aufgewachsen, bis ich meiner Lehrerin begegnete und sich andere Türen zu öffnen begannen. Jetzt, in meiner letzten Lebensspanne, bin ich umgeben von diesen anderen Welten und verstehe nicht richtig, warum unsere Kultur all die inneren Welten von ihrem Bewusstsein abschneiden musste, warum wir in solch einer düsteren Umgebung zu leben haben, wo sogar unsere Träume zensiert werden. Und was bedeutet das in dieser gegenwärtigen Übergangszeit, wenn wir keine Engel mehr haben, die uns leiten, und keine Naturgeister, die uns helfen, wieder ins Gleichgewicht mit der natürlichen Welt und ihren Mustern der Biodiversität zu kommen? Wenn so viel ungewiss ist und unsere Erkenntnis so begrenzt, wenn wir uns nur auf das rationale Bewusstsein verlassen, das diese Umweltzerstörung verursacht hat – warum müssen wir weiter auf diesem grauen Pfad gehen?

Also werde ich ein paar Geschichten von den inneren Welten erzählen und davon, wie sie mir gesungen haben – wie die Engel meine Freunde und Begleiter wurden und die Naturgeister immer im Garten anwesend sind – und versuchen zu vermitteln, was es heißt, in einer multidimensionalen Welt zu leben.

In diesen, meinen späteren Jahren sind die Engel, diese Lichtwesen, meine häufigsten Begleiter. Die Engel gehören zur Welt des Lichts. Sie sind aus Licht statt aus Materie gemacht, haben wunderschöne Körper aus leuchtenden Farben und sie sind den Menschen gegenüber freundlich, versuchen uns auf verschiedene Weisen zu helfen. Ich finde, dass sie am leichtesten übers Beten zu kontaktieren sind, wenn wir uns dem inneren Licht im Herzen zuwenden, aber es gibt viele Wege, sie zu erreichen.

Es gibt die Engel der Heilung, zu denen wir beten können, ein aus dem Herzen kommendes Gebet für eine kranke Freundin oder ein krankes Familienmitglied. Man braucht nur still, innerlich, den Vornamen der Person, die Heilung benötigt, zu sagen, weil es das persönliche Gefühl ist, das die Verbindung im Herzen und in der Seele schafft und dadurch die Engel leitet. In den fünfzig Jahren, seit ich zum ersten Mal bei meiner Lehrerin gesessen hatte, erlebte ich so viele einfache Wunder unerklärlicher Heilung – Freunde, denen noch weitere Jahre Leben geschenkt wurden, oder was Ärzte als Wunder bezeichneten. Die Wege des Lichts sind so anders beschaffen als unsere physische Welt – dort gibt es keine Zeit und keinen Raum, wie wir das kennen, Liebe und Licht bringen auf verborgenen Wegen Heilung.

Dann gibt es die Engel, die heilige Orte beschützen, die anwesend sind, wo spirituelle Arbeit geschieht, damit dort keine Dunkelheit stört. Diese Engel sind anders, ehrfurchtserweckender, vielleicht ähnlich den Schutzgöttern Tibets, wenn auch nicht so grimmig. Sie haben die Macht, Dunkelheit aufzulösen und dem Herzen und der Seele zu helfen, ihre göttliche Natur zu singen. Bei meinen spirituellen Zusammenkünften waren sie all die Jahre über gegenwärtig und schützten den heiligen Raum für die Arbeit mit der Seele. Ich verneige mich in der inneren Welt vor ihnen, dankbar für ihre Anwesenheit. In den inneren Welten existieren so viele Kräfte und nicht alle von ihnen sind uns wohlgesinnt. Ohne ihre schützende Gegenwart könnte eine bestimmte Arbeit nicht stattfinden.

Dann gibt es noch größere Engel, die zu ganzen Ländern gehören, sogar zur ganzen Erde, und die schützen und führen und Licht dahin bringen, wo es gebraucht wird. Sie sind schön wie auch machtvoll, riesige Wesen, deren Farben und Licht schon von weitem zu sehen sind. In der christlichen Tradition kennt man die Hierarchien der Engel, Erzengel, die höchsten sind die Cherubim und Seraphim. Gabriel ist ein Erzengel in der abrahamitischen Tradition mit der Macht, Gottes Willen anzukündigen, während die Seraphim im Kreis um den Thron Gottes in ständigem Lobpreisen stehen.

Ich kenne mich mit Hierarchien überhaupt nicht aus, kenne aber die Präsenz verschiedener Engel – von großen und mächtigen Wesen bis zu Schutzengeln, die Einzelnen helfen, wie Geistführer, die Kinder oft sehen oder ihre Gegenwart fühlen können, bevor ihre inneren Augen geschlossen werden und sie vergessen. Wir leben alle in einer Kultur des Vergessens, wo uns die Augen verbunden worden sind und wir uns meist dieser Lichtwesen nicht bewusst sind, die uns umgeben und auf unsichtbare Weise unterstützen. In der Bibel findet man das schöne Bild von Jakobs Leiter, diesem Traum von einer Leiter, die von der Erde bis zum Himmel reicht und auf welcher die Engel hoch- und niedersteigen. Das veranschaulicht den ständigen Austausch zwischen der sichtbaren und der unsichtbaren Welt, die jetzt nicht mehr Teil unseres kollektiven Bewusstseins ist.

Als ich am Strand war und die Lichtwesen zu mir sprachen, verstand ich, dass die Tore zwischen den Welten offener sind, als wir wissen, und dass es für die Menschheit Zeit ist, sich wieder mit dem Licht und der Liebe zu verbinden, die uns umgeben, mit dieser göttlichen Intelligenz und Weisheit, die zur Welt der Engel gehört. Und dass wir auf die Hilfe dieser Führung angewiesen sind, wollen wir den nächsten Schritt in unserer Evolution tun. Das kommende Zeitalter steht unter dem Prinzip der Einheit, was nicht nur das Gewahrsein der miteinander verbundenen und voneinander abhängigen Natur der physischen Welt bedeutet, sondern auch die uns umgebenden unsichtbaren Welten einschließt, insbesondere die Engelwelt des Lichts.

Doch die Menschheit hat wohl einen dichteren, dunkleren Pfad eingeschlagen und erhofft sich, dass Wissenschaft und Technologie ihr helfen werden, unsere beschädigte Welt zu heilen und eine Zukunft der Nachhaltigkeit zu schaffen. Wir haben uns mehr als uns klar ist isoliert, gefangen in den Begrenzungen unseres rationalen kleinen Geistes, und ohne das Bewusstsein für die sich entfaltenden Muster der Zukunft, welche die Engelwelt so klar wahrnimmt. Warum wir diesen Pfad gewählt haben, wenn doch so viel Hilfe da ist, Führung darauf wartet, uns gegeben zu werden, ist solch ein Geheimnis. Vielleicht gehört das zu unserer kollektiven Hybris, dass der Mensch überlegen ist oder dass einfach nur Verstand und

Wissenschaft unser Gewahrsein lädiert und uns blind gemacht haben. Ich weiß nur, dass in diesen meinen letzten Jahren Engel zu mir singen und sprechen und ihr Licht und ihre Schönheit, ihre Kraft und ihre Anwesenheit mich in einer Welt, die ich immer weniger verstehe, unterstützen. Ich weiß jedoch, dass für die meisten Menschen die Welt der Engel verborgen ist, eher eine spirituelle Idee als eine lebendige Wirklichkeit. Sogar wenn Hilfe unerwartet gegeben wird, bleibt sie oft unbemerkt, wird nicht erkannt, obwohl für einen Moment – wenn zum Beispiel ein Unfall urplötzlich abgewendet, eine Krise überwunden ist – ein kurzer Blick auf diese Lichtwesen, eine sanfte Berührung auf der Schulter möglich wird, bevor der Verstand es leugnet.

Die islamische Tradition kennt neben den aus Licht bestehenden Engeln noch die Djinns, die aus Feuer sind, und während die Engel sich immer vor Gott verneigen und den göttlichen Willen ausführen, haben die Djinns einen freien Willen und können zwischen gutem und bösem Tun wählen. Djinns sind Geister, die der feinstofflichen Welt angehören und zu einer parallel zu den Menschen und Engeln bestehenden Linie der Evolution zählen. Ich selbst habe nicht viel Erfahrung mit der Djinnwelt, obwohl sie in dem Garten meines

Shaikhs in Indien zugegen waren, denn sie kommen manchmal zu einem spirituellen Lehrer, um geschult zu werden. Sie können menschliche Gestalt annehmen und sind immer weiß gekleidet, aber die Augen sind anders. Irina Tweedie erzählt in ihrem Buch *Der Weg durchs Feuer* die Geschichte von einem Djinn, der zu ihrem Lehrer kam.[18]

Djinns sind mentale Elementarwesen, und mein Gefühl ist, dass sie hier bei uns weniger vorkommen, weil unsere westliche Welt auf der mentalen Ebene so dicht ist. Doch manchmal haben sie mir geholfen, einen Raum von negativen psychischen Energien zu reinigen. Einmal sah ich sie als weiße Lichter die Ecken eines Zimmers putzen, in dem ich schlafen sollte. Der Raum war voll von feinstofflichem Abfall von einem Workshop, der dort zuvor stattgefunden hatte, und ich hätte darin keine Ruhe finden können. Es gibt in der Sufi-Tradition eine Schulung, mit der Djinnwelt zu arbeiten.

Erdnäher sind die Naturgeister oder Devas, welche die spirituelle Intelligenz in der Natur sind. Ich spüre sie am deutlichsten im Garten, wo ich ihre Gegenwart willkommen heiße, oder in der freien Natur, wenn ich umherlaufe, obwohl sie häufig recht verborgen, recht schwer zu erfassen sind. Sitze ich bei einem bestimmten alten Baum, kann ich dessen Geist fühlen, der von tief in der Erde, wo sich seine Wurzeln ausdehnen, bis hoch oben in die Krone reicht. Alle Blumen im Garten sind hingegen mit ihrer eigenen Geistnatur lebendig, die sich freut, anerkannt zu werden. Jede spirituelle Praxis wie Meditation ist Nahrung für sie, woran es leider in unserer nur auf Nutzen ausgerichteten Welt mangelt, und bringt ihre Farben mehr zum Leuchten und lässt ihre Gegenwart erstrahlen.

Jede Pflanzenart, jedes Tier hat seine eigene Deva, sein Kern-Geistwesen. Ich erinnere mich, wie eine Freundin von mir in einem Zimmer wohnte, das auf einen Teich hinausgeht, in dem viele Frösche waren. Sie quakten in der Nacht so laut, dass sie nicht schlafen konnte. Sie stand auf, ging zu dem Teich und sagte: »Oh, Großmutter Frosch, Mutter aller Frösche, auch ich bin Teil der großen Schöpfung Natur und brauche Schlaf. Also, bitte, quakt nicht so laut.« Sofort ließ der Lärm nach und sie konnte schlafen.

Ich bin der festen Überzeugung, dass die Evolution nicht einfach nur »natürliche Selektion« ist, das wäre nach meinem Verständnis zu grob vereinfachend und mechanistisch, um damit die durch und durch belebte Welt zu erfassen, zu der wir gehören. Viel eher ist die Art und Weise, wie sich die Pflanzen und die Tiere über die Jahrtausende verändert und angepasst haben, Ausdruck der Intelligenz innerhalb der Natur. Alles in der Natur besitzt seine eigene Geist-Intelligenz, die sich an die sich verändernden Muster der Schöpfung adaptiert und dabei wechselseitig abhängige Muster bildet, die wir jetzt zu erkennen beginnen – wie zum Beispiel ein Pilz tief im Dschungel den Ameisen kommuniziert, welche Blätter von bestimmten Bäumen er als Nahrung braucht. Die Naturwelt pulsiert vor Intelligenz, was indigene Völker immer erkannten. Sie verstanden, ihr zu lauschen und ihre Sprache zu sprechen. Heutzutage haben wir so viele Worte, aber so wenig Möglichkeiten, mit der uns umgebenden Welt zu kommunizieren. Und wollen wir aus der anhaltenden Umweltzerstörung herausfinden, ist es notwendiger denn je, mit der Natur in Austausch zu gehen, damit wir zusammen auf eine lebendige Zukunft hinarbeiten können. Auf dass wir wieder in die »Große Unterhaltung« eintreten, in der die Naturwelt der Elementarwesen unser wirklicher Partner ist. Leider sprechen wir in den meisten Umweltdiskussionen nur mit uns.

Die Welt der Engel und die Naturgeister im Garten sind in den letzten Jahren meine beständigsten Gefährten und erinnern mich, wie es in den frühen Tagen unserer Reise als Menschen war, als die Farben in der Luft sangen. Als es noch keine Trennung zwischen Geist und Materie gab und die Magie der Natur noch völlig gegenwärtig war. Jetzt spricht mein Garten zu mir und richtet mich auf, wenn sich meine Seele von den Geschehnissen in unserer Welt verdüstert hat.

Das letzte halbe Jahrhundert über sind mir auf meiner Reise zwischen den Welten auch viele andere Bewohner der unsichtbaren Welten begegnet. Da gibt es die Elementarwesen der Trickster wie Puck in »Ein Sommernachtstraum«, jener fröhliche Wanderer der Nacht, der Leute dazu bringt, sich in die falsche Person zu verlieben, und uns zeigt, was für Esel wir sind. Manchmal kann man ihr Lachen hören, wenn eine E-Mail sich mit ungewollten Konsequenzen verirrt ... Es gibt auch dunklere Elementarwesen, die sich von negativen Emotionen, Wut oder Trauer nähren und oft die dunklen Ecken der Kneipen und Bars bevölkern, weil der Alkohol unseren Selbstschutz verringert wie auch die Hemmungen nimmt. Aus diesem Grund ist das Saubermachen so wichtig, was schon in dem alten keltischen Ritual ausgedrückt ist, wo ein Junge und ein Mädchen mit Besen nach der Trauung den Weg zur Feier von bösen Geistern freikehren, damit das Paar eine glückliche Hochzeit hat.

Und dann gibt es noch die Geistwesen, deren Aufgabe es ist, Leute beim Abschied aus dieser Welt zu unterstützen, ihnen über die Schwelle zu helfen, insbesondere, wenn sie nicht darauf vorbereitet sind zu sterben, wie zum Beispiel bei einem Unfall oder einem Brand. Dann erklärt ihnen der Geist behutsam, dass sie tot sind und ihr Partner oder ihre Kinder sie nicht mehr sehen oder hören können, damit sie den Übergang schaffen und nicht als Gespenster zwischen den Welten umherirren. Uns wird auf so viele geheimnisvolle Weisen geholfen, von denen unsere Kultur heutzutage nichts weiß.

Aber statt all die Bewohner der unsichtbaren Welten aufzuzählen – zum Beispiel all die Elementarwesen, von denen die Schamanen und Schamaninnen wussten, wie man mit ihnen arbeiten oder wie man sie fernhalten kann –, möchte ich eher nahebringen, dass wir inmitten von sich gegenseitig durchdringenden Welten leben, wobei jede einzelne ihre spezielle Art des Daseins hat. So, wie wir die uns angebotene Hilfe nicht erkennen können, so erkennen wir auch nicht die Dunkelheit, die in unsere Welt und in das kollektive Bewusstsein einsickert. Ist diese selbstzerstörerische Todesspirale, der wir folgen, nur das Ergebnis unserer Ignoranz und Gier? Können wir sie mit Vernunft und Wissenschaft zum Halten bringen? Wie ich schon zuvor erwähnt habe, sah der Medizinmann Black Elk das Schicksal seines Volkes, sah, wie der Ring zerbrochen war. Aber heute sehen wir so wenig und wandern blind in die kommenden Tage.

Ich weiß nicht, was uns erwachen lassen wird. Als die Lichtwesen am Strand zu mir sprachen, waren sie ratlos und verwirrt, weil sie erfasst hatten, dass Tore, die verschlossen gewesen waren, sich geöffnet haben und eine Zeit angebrochen war, das Unsichtbare zu empfangen und mit ihm zusammenzuarbeiten, damit die Welt sich wandeln kann. Aber durch diese Öffnungen scheint nur eine größere Dunkelheit eingedrungen zu sein – Kräfte, die nicht wollen, dass sich die Welt verändert, die dazu beitragen, diese kollektive Dystopie zu schaffen, auch indem sie manchmal an eine Person oder einen Konzern andocken, die ihre Dunkelheit dann in die Tat umsetzen sollen. Vielleicht geschieht so etwas am Ende einer Ära, wenn das Licht sich verfinstert und Verwirrung kommt. Ich weiß, dass die Engel weiter an den Kraftorten Wache halten und es eine Zukunft gibt, die viel größer ist als unser derzeitiges Schicksal. Doch meist frage ich mich, warum es so hat kommen müssen, warum so viel Licht verloren ging und warum wir nicht das Unsichtbare begrüßen. Und so ziehe ich mich in meinen

Garten zurück, jäte und mulche, bereite die Beete für die Frühjahrspflanzung vor. Dann sitze ich unter dem alten Mammutbaum und fühle seine stille Gegenwart. Bald werden die Kitze geboren und kommen, das Gras zu fressen, und ihre Mütter beobachten sie aus der Nähe.

INS LICHT
UND
WIEDER
ZURÜCK

15

INS LICHT UND WIEDER ZURÜCK

Zum Abschluss möchte ich noch ein wenig von der Geschichte erzählen, wie ich in dieses Land genommen wurde, wo die Engel singen, wo ich fühle, dass mich die Naturgeister herzlich willkommen heißen, und wie ich die Dunkelheit um die Welt herum wachsen sah.

In dem Frühling, als ich fünfundfünfzig war, holte mich eine große Müdigkeit von meiner Lehrtätigkeit ein, ich war ausgelaugt, hatte nichts mehr zu geben, keine Reserven mehr. Ich erinnere mich an den Moment, wo ich, nachdem ich ein Retreat mit über dreihundert Leuten in der Schweiz gegeben hatte, auf meinem Bett in einer Hütte in den Bergen saß und innerlich schrie: »Ich kann nicht mehr weiter! Etwas muss sich ändern. Ich brauche Hilfe.« Und natürlich kam Hilfe, aber in keinerlei Weise, wie ich mir das hätte vorstellen können. Eine Veränderung trat ein, doch sie war so intensiv und unerwartet, dass ich viele Jahre brauchte, um zu verstehen. Später, in dem Sommer, bin ich bei vollem Bewusstsein in die Welt des Lichts geholt worden und verbrachte dort ganz und gar zwei Wochen, wobei ich in der physischen Welt blieb, doch sie von der Ebene des Lichts aus sah.

Zu dieser Zeit gab ich ein anderes Retreat und erinnere, wie ich sehr langsam und völlig gegenwärtig in der Welt des Lichts von meiner Hütte zur Meditationshalle ging. Überall um mich herum waren Lichtwesen. Ich war nicht in dieser Welt; vielmehr sah ich diese Welt hier von einem Ort des Lichts aus. Und als ich am dritten Tag anfing zu sprechen, war das Licht so heftig, dass es mein Gehirn buchstäblich durchschmorte. Das Licht brannte in meinem Innern. Licht über Licht. Zuviel Licht. Ich weiß noch, wie ich später, mein Bewusstsein völlig ausgebrannt, auf meinem Bett lag und die Augen schloss in einen sengenden Glanz des Lichts hinein. Es war erschreckend. Ich fragte mich, ob ich mich je wieder davon erholen würde. Menschen sind nicht dafür geschaffen, in diesem Licht zu leben. Es ist zu hell, zu intensiv. Es verbrennt alles. Ich hörte mit dem Seminar auf. Ich weiß gar nicht so richtig, wie ich nach Hause kam.

In dieser Erfahrung – schmerzvoll und verwirrend – wurde ich in eine unermessliche Weite jenseits aller Horizonte und meines Selbstempfindens genommen. Dreißig Jahre zuvor, als ich dreiundzwanzig war, erwachte ich auf der Ebene des SELBS, eine zeitlose Dimension des Friedens und der Seligkeit. Aber das jetzt war anders, eine Unendlichkeit der Liebe und doch jenseits von Liebe, jenseits von Form wie auch von Formlosigkeit. Und doch war es anwesend, in mir und um mich herum. Es kam in mein Leben, in mein Bewusstsein, in meine Tage und Nächte wie ein Wirbelsturm – zerstörte jedes Gefühl der Spiritualität und ließ mich zerschmettert, verwirrt und klein und gedemütigt zurück.

Und durch dieses Andere, welches keinen Namen hat, entdeckte ich, dass ich Zugang zu dem Ort hatte, wo die Liebe *ist*, was ich als Ströme des Lichts und eine Landschaft der Liebe beschreibe. Die meisten Menschen erfahren diese innere Landschaft erst nach ihrem Tod, wenn der physische Körper zurückgelassen wird und sie ins Licht und die grenzenlose Liebe reisen, die unsere wahre Natur ist. Ich bin noch im physischen Körper dahin gebracht worden, mit einem jenseits meines Begreifens veränderten Bewusstsein. Und dort blieb ich dann für viele Jahre: in einer Welt des Lichts, während ich weiter hier in dieser Welt umherging. Während meine beiden Füße auf dem Boden waren, kannte ich nichts als die Macht der Liebe und die Gegenwart des Unbekannten. Und die äußere Welt, durch die ich ging, fand ich zunehmend dunkler und dunkler, während die Umweltkrise sich beschleunigte und die Stimmen ethnischer und sozialer Ungerechtigkeit lauter zu hören waren.

Einige Leute reagierten auf meine Artikel und meinten, ich würde zu sehr auf die Dunkelheit schauen und nicht genug auf das Licht. Doch in Wirklichkeit war ich so sehr ins Licht geholt – ein Licht, das überall um mich herum ist, das die Luft ist, die ich atme, die Liebe, die mich erhält – dass ich nicht mehr weiß, was es heißt, »auf das Licht zu schauen«, denn dort bin ich ja. Stattdessen ist es für mich, während ich durch die Straßen dieser Welt ziehe, ein Rätsel, wie die Dunkelheit dieses Licht verdeckt und die Menschen in den Illusionen und Missverständnissen einschließt, durch die sie sich und ihr Leben definieren.

Wie kann es sein, dass das Licht so unbegreiflich ist, wenn es doch die Substanz unserer Seele ist, der Duft eines jeden heiligen Atemzugs? Und wie kommt es, dass wir von diesem Licht weggegangen sind, von der Wahrheit unserer göttlichen Natur?

Ich verstehe, dass wir in dieser Welt nicht einfach nur im Licht leben können, in der Freude oder auch in der Seligkeit unserer wahren Natur. Meine eigene Erfahrung hat mir das gezeigt – es ist einfach zu intensiv, es verbrennt zu sehr. Aber die Weise, wie die physische Welt diesen natürlichen Zustand verbirgt, gehört für mich zu den größten Rätseln, erscheint mir nahezu unfassbar. Ich verstehe mehr und mehr die Wege des Lichts, die einfachen Wunder göttlicher Liebe, das Sonnenlicht des reinen Bewusstseins. Ich sehe, wie die Macht von Licht und Liebe hinter den Wolken dieser Welt wartet, hinter den Vorhängen, mit denen wir uns umschatten.

Ja, ich kann sehen, dass diese Welt in Dunkelheit gehüllt ist, in einen seltsamen wirbelnden Nebel, der soviel Verwirrung schafft, soviel Verkennen von uns selbst und anderen, sogar Wut und Gewalt. Ich weiß auch, wie sich diese Dunkelheit anfühlt – ich habe in mir selbst ihre Qual und Einengung gefühlt. Und zugleich scheint das so unwirklich, auch wenn es das ist, was die Leute Wirklichkeit nennen – Leute, für die das Licht meist unsichtbar ist.

Und so bleibe ich ratlos stolpernd zwischen den Welten. Vielleicht war ich zu lange im Licht, zu lange in Meditation eingetaucht, habe zu lange die Ströme göttlicher Liebe beobachtet. Denn was passiert, ist, dass derzeit sogar Anzeichen von Dunkelheit eine tiefe Angst in mir erzeugen, als sei ich unfähig zu verstehen, wie sie tatsächlich zu uns gehört.

Und trotzdem sehe ich mehr und mehr diese Dunkelheit, nicht allein die Dunkelheit unseres eigenen Schattens, unserer persönlichen Versäumnisse, sondern die kollektive Dunkelheit dieser Zivilisation, die allein aus Gier und Profit brutal unsere Biosphäre zerstört. Und ich verstehe nicht, dass wir gewählt haben, auf diese Weise zu leben. Es scheint unbegreiflich. Diese wunderschöne Erde für ein bisschen materiellen Besitz zu missbrauchen, sie für zukünftige Generationen zu zerstören. Sogar in den letzten Jahren haben wir trotz wachsenden Bewusstseins für die Auswirkungen unseres Handelns, unserer Lebensweise, den Kohlenstoffgehalt in der Atmosphäre ständig erhöht und die Meere mit noch mehr Plastik gefüllt. Inzwischen verzerren die sozialen Medien und ihre Algorithmen unsere Wahrnehmung und trennen uns immer mehr von jeglichem Sinn für die Wirklichkeit. Haben wir gewählt, so zu leben, oder war das unser Schicksal?

Deshalb sehne ich mich nach der Einfachheit des Lichts und der Liebe zurück, während ich immer müder bin vom Umherstolpern in der Welt. Vor fünf Jahren habe ich mit dem Lehren aufgehört, ausgebrannt, verbraucht nach dreißig Jahren. Und dann kam die Pandemie, und ich war entlastet, brauchte nur noch über die Pfade und an den Stränden nahe unserem Haus zu gehen, wobei mir die Natur ein Gefühl des Gleichgewichts und der Zugehörigkeit gab. Und nach der Pandemie war ich glücklich damit, ein Einsiedler zu bleiben – verstand ich doch weniger und weniger von der Welt außerhalb unserer kleinen Community hier an der Küste –, meinen Morgenspaziergang an der Lagune zu machen, vielleicht einen Coyoten im ersten Licht zu sehen oder die Gegenwart der Devas im Garten zu spüren und den rotköpfigen Specht zu beobachten, wie er die kleineren Vögel vom Futterspender vertreibt.

Und in meinen Meditationen und Gebeten beobachte ich die Welt, wie ich auch tagsüber die Nachrichten verfolge. Und ich weiß, dass dies das Ende einer Ära ist, eine Zeit radikaler Ungewissheit, die zum gesellschaftlichen Zusammenbruch, zum Kollaps führen kann. Eines Tages, weit in der Zukunft, werden wir mit Verwunderung auf diese Zeit zurückblicken. Dass wir so unwissend in die nächsten Tage gegangen sind, dass wir so lange gewartet haben, dass wir zögerten, bis jede Chance fast verpasst war. Und als die Finsternis kam, erkannten wir nicht die Zeichen, die uns gegeben wurden. Wir erkannten nicht, dass sich der Boden unter unseren Füßen verschoben und sich unsere innere und äußere Ausrichtung verändert hatte. Nicht allein unser Bewusstsein, sogar auch unser Träumen war zensiert worden.

Wenn ich aus meinem Fenster das steigende und fallenden Wasser der Gezeiten in der Bucht sehe, wird mir immer klarer, wie lange vergessen für die meisten von uns die Tage sind, als wir in Harmonie mit der Erde und Ihren vielen Bewohnern einhergingen, als die Traumpfade der Erde und unsere eigene Seele zusammen sangen, als Ihr Mysterium zu uns sprach. Und in meinem Herzen ist der Kummer, dass wir über Generationen hinweg durch ein zerstörtes Land werden ziehen müssen, bis wir zu diesem Erbe zurückkehren, wenn der Frühling nach einem langen Winter endlich wiederkommen kann. Und ich frage mich, wie es für meine Kinder und Enkelkinder sein wird, wie es sein wird, in diesen sterbenden Tagen heranzuwachsen und alt zu werden.

So versuche ich Geschichten aus dieser Zeit vor der Zeit zu erzählen, um die Erinnerung an eine Vergangenheit wach zu halten, von der ich hoffe, dass sie auch zur Zukunft gehört, wenn die Welten erneut zusammenkommen, wenn die Engel und Devas, die mir zu Begleitern in meinem Alter geworden sind, Teil der wiedererwachenden Welt sein werden, einer beseelten Erde, die ganz und gar lebendig wird. Ich erzähle diese Geschichten auch, damit ich etwas in meinem Herzen und meiner Seele lebendig halten kann, lebe ich doch in einer Welt, die mir zunehmend fremd wird.

Vielleicht bin ich nur ein Mystiker, der zu weit in die inneren Welten gereist ist und in einer Welt alt wird, die nichts von diesen Dingen weiß, die allein das Greifbare, Materielle anerkennt, die physikalische Welt oder die seltsame Online-Zwischenwelt aus Einsen und Nullen, die in den letzten Jahrzehnten so viel von unserer Aufmerksamkeit verschlungen hat. Vielleicht bin ich nur nostalgisch nach einer einfacheren, verlorenen Zeit, als die Hecken noch voller Vögel, Schmetterlinge und Wildpflanzen waren. Aber auf meiner Reise bin ich dahin gelangt zu erfahren, was essenziell für unser Menschsein ist: das Licht und die Liebe, die unsere Seele und sogar die Zellen unseres Körpers nähren, auch wenn unsere Wissenschaften keine Kenntnis davon haben. Wie ich an anderer Stelle gesagt habe, diese Welt ist nicht so, wie wir denken; sie ist aus einer Substanz gemacht, die nicht aus Atomen oder Teilchen besteht, und in ihren Tiefen schwingt ein verborgenes Lied. Vielleicht habe ich in manchen Momenten meines Lebens diese Substanz berührt, eine Zeile dieses Lieds erfasst. Vielleicht habe ich das Herz der Welt in meinen Träumen gefühlt oder beim Gehen an einem der stillen Frühmorgen. Und in diesen Geschichten versuche ich diese Erfahrung zu teilen, die das Leben und die Liebe mir geschenkt haben.

Wie alle von uns, die älter sind, weiß ich, dass bald, in einigen Jahren, ich diese Küste verlassen und das simple Boot nehmen werde, das bereits wartet. Meine Koffer sind gepackt – die wenigen Erfahrungen, die meine Seele mitnehmen muss – und der andere Horizont lockt. Ich habe gelebt und geliebt und die Wahrheit gekostet, die durch die Schöpfung fließt. Ich habe beobachtet, wie die Hügel nach den ersten Regenfällen grün werden und dann golden im Sommer, und das erinnert mich an die Worte eines japanischen Abschiedsgedichts:

> O Hortensie –
> du wandelst und wandelst dich
> zurück zu deiner Ursprungsfarbe.[19]

ANMERKUNGEN

1. David Abram: *The Spell of the Sensuous: Perception and Language in a More-Than-Human World*, New York 1997, Vintage
2. Wenn ich vom Anfang oder Anbeginn spreche, meine ich weniger eine bestimmte historische Periode unserer menschlichen Erfahrung, sondern beziehe mich auf eine innere mythische Erfahrung des Lebens, als es noch in enger Beziehung zum Heiligen und der Erde stattfand, vor dem biblischen Sündenfall, bevor die Trennung von der Quelle oder dem Göttlichen in unser Bewusstsein Einzug hielt. Ich glaube jedoch, dass es Zeiten oder Orte in unserer Geschichte gegeben hat, wo diese Bewusstseinsqualität unsere Lebensweise bestimmte, so wie es noch immer in einigen indigenen Kulturen ausgedrückt ist.
3. Literaturverweis: Die Geschichte von Skywoman findet sich in dem Buch *Geflochtenes Süßgras: Die Weisheit der Pflanzen* von Robin Wall Kimmerer, Berlin 2021, Aufbau Verlag
4. Aus der Rede von Greta Thunberg bei den COP24-Klimagesprächen der Vereinten Nationen 2018 in Polen.
5. Für eine umfassende Beschreibung der Zerstörung heidnischer Kultur siehe Catherine Nixey: *Heiliger Zorn: Wie die frühen Christen die Antike zerstörten*, Stuttgart 2019, dva. Die frühen Christen waren skrupellos bei der Verfolgung heidnischer Kulturen, holzten ihre heiligen Haine ab, rissen ihre Tempel nieder, zerschlugen ihre Statuen, verbrannten Bücher und zer-

störten ihre Bibliotheken. Es gibt nur Fragmente der vielen heidnischen Schriften, und nur ein Prozent der lateinischen Literatur überlebte die Säuberung. Und die Zensur der christlichen Kirche ist so effektiv gewesen, dass sogar die meisten Spuren der Zerstörung ebenfalls vergessen sind, die Geschichte neu geschrieben wurde.

6. Andrew Harvey: *Light Upon Light*, North Atlantic Books 1996, S. 173
7. Thich Nhat Hanh: *Love Letter to the Earth*, Berkeley 2013, Parallax Press
8. Julian of Norwich: *Revelations of Divine Love*, Oxford University Press 2015
9. zitiert in William Chittick: *The Sufi Path of Love*, New York 1984, State University of New York Press, S. 155
10. TC McLuhan (ed.): *Touch the Earth: A Self-Portrait of Indian Existence*, New York 1971, Outerbridge and Dienstfrey
11. Yeats, W. B. *Collected Poems*, Stanstead 2000, Wordsworth Editions
12. *Finding the Mothertree, Ein Interview mit Suzanne Simard* in Emergence Magazine, 26. Oktober 2022. Das Buch von S. Simard: *Finding the Mothertree* ist auf Deutsch unter dem Titel: *Die Weisheit der Pflanzen* im btb Verlag 2022 erschienen.
13. *The Enlightened Heart*, herausgegeben von Stephen Mitchell, Harper Perennial 1993, S. 47
14. Thich Nhat Hanh: *The Bells of Mindfulness*, Berkeley 2013, Parallax Press
15. Dennis Meadows: *Die Grenzen des Wachstums*, Stuttgart 1972, dva
16. John G. Neihardt: *Black Elk Speaks. The Complete Edition*, University of Nebraska Press
17. Rumi: *Fragments, Ecstasies*, Omega Publications 1999
18. Irina Tweedie: *Der Weg durchs Feuer*, Bern 2021, Oneness Center Publishing, S. 939
19. Yoel Hoffmann: *Japanese Death Poems: Written by Zen Monks and Haiku Poets on the Verge of Death*, Tuttle Publishing

BILDNACHWEIS

Das Oneness Center und der Autor danken folgenden Personen für die Abdruckgenehmigung ihrer Fotos:

Diane Barker – für das Titelfoto und alle Fotos im Buch (Ausnahme Foto S. 180)
Diane Barker ist Fotografin und Künstlerin und lebt in einem kleinen Dorf in Worcestershire (UK). Sie begegnete den tibetischen Nomaden, den Drokpa, zum ersten Mal 1999 in Changthang in Ladakh und verliebte sich in die Ursprünglichkeit, Schönheit und Einfachheit ihrer traditionellen erdgebundenen Kultur. Seitdem sind die tibetischen Nomaden ihre fotografische Obsession und das Thema ihres Herzens.
Zu ihren einzeln veröffentlichten Werken gehören: *Portraits of Tibet* (Graffeg/Bird Eye Books), *Tibetan Prayer Flags* (Connections Book Publishing) und *The Eternal Land* (East West Publications). Mehr Fotos von Diane Barker sind auf iherer Website zu finden: www.dianebarker.net.

Dario Brönniman, Unsplash – Foto Seite 180.

ÜBER DEN AUTOR

LLEWELLYN-VAUGHAN-LEE, *Dr. phil.*, 1953 in London geboren, folgt dem Sufi Pfad seit seinem 19. Lebensjahr. 1991 zog er nach Nord-Kalifornien und gründete dort das Golden Sufi Center (www.goldensufi.org). Er ist Autor zahlreicher Bücher. Sein Spezialgebiet ist die Arbeit mit Träumen, bei der er die alte Sufi-Methode der Traumdeutung mit den Erkenntnissen der modernen Psychologie verbindet. Seit dem Jahr 2000 liegt der Schwerpunkt seines Schreibens und Lehrens auf der spirituellen Verantwortung in unserer gegenwärtigen Zeit des Übergangs, auf dem Erwachenden des globalen Bewusstseins der Einheit und der spirituellen Ökologie (www.workingwithoneness.org). Er wurde von Oprah Winfrey in *Super Soul Sunday* interviewt und wurde in der Serie *Global Spirit* des Senders PBS vorgestellt.